ELLE ET LUI
OU LA CHRONIQUE
D'UN MARIAGE FORCÉ

Ouvrage publié sous la
direction d'Arlette Nachbaur

www.editions-jclattes.fr

Bertrand Delais

ELLE ET LUI
OU LA CHRONIQUE
D'UN MARIAGE FORCÉ

JC Lattès

Maquette de couverture : Atelier Didier Thimonier.
Photo : © John Van Hasselt/Corbis

ISBN : 978-2-7096-3630-8

« Tout est vrai, rien n'est
exact. »

Maurice Barrès.

1.

AVANT-GUERRE

Le baiser du désamour

Le 16 octobre sur le balcon du siège du Parti, rue de Solferino, Martine et François s'embrassent. Un baiser qui scelle une réconciliation désormais indispensable pour propulser la gauche à l'Élysée. La photo est jolie, incontournable mais on a du mal à y croire tant elle évoque la comédie du pouvoir !

Ils ont beau faire, ces deux-là ne s'aiment guère et en désamour comme en amour il y en a toujours un qui est plus épris que l'autre. À ce jeu-là, c'est Martine qui a le plus de rancœur et un mépris souverain et tranquille, jamais démenti, qui trouve son origine dans une blessure intime. De celles qui nourrissent les inimitiés les plus constantes et les plus tenaces. Entre eux deux, il y a l'ombre d'un frère trop tôt disparu.

Quoi qu'il en soit, le cliché est charmant et surtout nécessaire après les amabilités de Martine sur le « candidat des sondages et de la presse », la « gauche molle » – la « gauche », on l'a compris, désignant en fait autre chose, qui va par paire.

Comme le dit un de ses plus fidèles soutiens : « Sur la fin de campagne, Martine y est allée un peu fort, elle s'est laissée emporter. »

Serait-ce le baiser du pardon ? C'est peu probable. Rue de Solferino, les ordinateurs ne cessaient de cracher des chiffres tous plus nets les uns que les autres. François Kalfon, le monsieur sondage du Parti, était catégorique lorsqu'il croisait des journalistes : « François est loin devant. »

Peu avant 20 heures, Martine a téléphoné à François pour le féliciter… et pour poser ses conditions au gagnant : redevenir la première secrétaire, être seule pour l'accueillir rue de Solferino, et enfin maintenir Benoît Hamon au poste de porte-parole du Parti. Magnanime, François accepte tout… La synthèse, toujours la synthèse ! Martine sera donc la première et la seule à claquer la bise à François…

L'un et l'autre attendent avec impatience le retour aux affaires de la gauche. Ce baiser est-il celui de la mort qui scelle une défaite à venir, ou le réveil de cette soif du pouvoir latente chez tous les animaux politiques, fussent-ils des éléphants socialistes ?

Mai 2012 doit être l'élection immanquable… Celle qui brise le sort qui semble s'acharner sur les socialistes français : depuis François Mitterrand, avec une belle constance, ils échouent à chaque élection présidentielle.

Cette fois, la présidentielle doit signer le retour de la gauche sous les lambris élyséens. Comme le disait non sans malice et avec son esprit frondeur Julien Dray : « Les primaires, c'est une élection que le PS est sûr de gagner. »

Et le PS les a gagnées, ces primaires… Une participation d'une ampleur dont ils n'osaient pas rêver, une occupation médiatique inespérée, et les pétoires à peu près restées accrochées au vestiaire : on n'en attendait pas tant ! En outre, elles ont consacré un candidat à la présidentielle, avec suffisamment d'avance pour exclure toute contestation : François Hollande.

Les militants ont eu chaud. Ils avaient en tête le congrès de Reims et son désastre, l'élection de 2007 avec le quasi-désaveu de Ségolène par les éléphants. En la voyant dégainer la première et annoncer sa candidature avec dix-huit mois d'avance, ils avaient grondé dans les fédérations : « Ah, non ! Ça ne va pas recommencer ! »

Il faut dire que l'on a longtemps aimé les querelles de personnes au parti, et ce, bien au-delà de l'opposition entre Martine et François… Les lendemains du congrès de Reims furent délétères. Depuis, même les élections cantonales de mars 2011, qui ont été une véritable claque pour l'UMP, n'ont en réalité pas profité au PS, qui semble toujours empêtré dans ses difficultés à rallier les suffrages populaires. Pour ne rien arranger, il vient de se tailler un franc succès avec la parution, au printemps 2011, de l'étude de Terra Nova sur sa véritable cible électorale, les classes moyennes, au détriment des ouvriers.

Bien sûr, les coups bas ou les oppositions claniques font partie du jeu politique, mais le PS est une sorte d'auberge espagnole où l'on souffre d'un trop-plein de candidats parce qu'il n'y a pas de chef. La rue de Solferino, c'est souvent Beyrouth pendant la guerre civile…

Mais le plus surprenant, c'est que de Berezina en défaites, rien ne semble avoir provoqué l'ombre d'une remise en question chez les hiérarques socialistes. Au contraire, ils continuent à se perdre dans d'innombrables querelles de personnes comme des enfants gâtés. Rue de Solferino, un candidat peut toujours en cacher un autre.

Parmi cette abondance des candidatures, on note déjà celle d'Arnaud Montebourg, qui entend contrer Dominique Strauss-Kahn. Mais il n'est pas le seul à vouloir accaparer le flanc gauche du parti. Benoît Hamon, en privé, ne cache pas son intention d'en découdre avec le directeur du FMI s'il était candidat aux primaires. Mais le porte-parole du PS sait être discret… Arnaud Montebourg, non : il a trop besoin de la lumière. Moscovici, quant à lui, a déjà fait aimablement savoir que, si DSK ne se présentait pas, il irait au combat « contre des personnages pas très considérables et un peu passés ». En clair, ces éléphants qui vont barrer la route aux jeunes, une fois de plus… Vincent Peillon, qui se tâte lui-même pour une candidature, tempère ces propos en estimant que le leader évident de leur génération, c'est François Hollande, mais que personne n'en veut…

À entendre les camarades, on se dit que rien n'est gagné. La gauche a toujours autant de difficultés à appréhender les institutions de la Ve République…

François Mitterrand les avaient combattues avant de s'y glisser avec délice. Manuel Valls comme Pierre Moscovici ne les ont pas vraiment combattues, mais surtout ils semblent ne pas les avoir comprises, rechignant toujours à mettre leur destin entre les mains d'un homme… En cela, ils ne sont pas différents de bon nombre de leurs camarades, qui redoutent un pouvoir trop personnel.

Gilles Finchelstein, le patron de la fondation Jean-Jaurès, souligne que François Hollande, en revanche, « a tout compris, tout… » Il serait même selon lui « le seul à avoir intégré les mœurs de la

Ve République »… avant d'esquisser un sourire moqueur.

Manuel Valls, début janvier 2011, se lance en critiquant les 35 heures, totem des années Jospin. Une prise de position qui lui assurera un petit quart d'heure de notoriété médiatique mais qui le marginalisera encore un peu plus dans le parti…

Comme le répète non sans amertume un député socialiste, « on a fait les primaires pour éviter le bordel et les primaires, c'est le bordel »…

Résultat, depuis des années, la machine à perdre les élections est restée parquée dans la cour de la rue de Solferino. Et le PS, c'est resté Beyrouth !

Les hiérarques, cette fois, ont bien été obligés d'entendre la fronde *mezzo voce* des militants. Ils ont su se tenir et ça n'a pas « recommencé ». Pourtant, cette victoire n'est pas celle rêvée par Martine. « Flamby », son ennemi intime, n'était pas inscrit dans ses plans – d'ailleurs il était loin, labourant la Corrèze paisible. Elle et sa direction s'étaient imaginé un champion, qui tenait en trois lettres : DSK, derrière lesquelles Martine avait accepté de se retrancher.

Peu importait qu'il parût souvent plus à l'aise avec les patrons et les financiers croisés à Davos qu'avec les leaders syndicaux, qu'il qualifiait, dans une provocation tranquille, de gens « modestes ». Sans être le choix de tout le parti, Dominique était la promesse de la victoire, l'homme de l'ultime sursaut et de la marche triomphale des socialistes français vers l'Élysée.

Mais, avant de parvenir – sans lui, ou plutôt malgré lui ! – à une indéniable réussite collective, on a longtemps pensé qu'en fait d'Élysée les socialistes filaient bon train vers Canossa. En effet, entre faits divers à rebondissements multiples, trahisons et coups bas entre futurs candidats, rien n'avait été négligé pour porter haut le vent de la défaite… Les primaires se sont d'abord transformées en Grand-Guignol international, les enjeux dépassant les camarades plus qu'ils n'auraient pu l'imaginer, allumant même une guerre des communautés aux États-Unis… On n'en voyait pas la fin, on n'en imaginait plus l'issue. Le champion avait tourné au boulet…

Aujourd'hui, cette perspective de victoire a tout d'une rédemption, et le baiser de Solferino en est peut-être le blason. Il reste qu'on revient de loin.

Retour sur la chronique d'un désastre annoncé

« Les primaires, explique cet ancien proche d'Aubry et de Fabius, elles commencent en réalité avec le congrès de Reims, en novembre 2008. Pour éliminer Ségolène dont la motion était arrivée en tête, Martine Aubry avait passé un pacte avec Arnaud, Manuel et Vincent, tous proches de Royal. Le prix de leur ralliement : l'organisation de primaires. Mais, en réalité, personne à la direction n'y était favorable, puisqu'elles devaient être le moyen d'adouber DSK. »

Pour les jeunes loups du parti, les primaires devaient être la meilleure arme pour la chasse à l'éléphant. Ils y voyaient un moyen de se débarrasser du couple infernal, indépendamment de toute ligne politique.

Après avoir regardé avec intérêt un jeune sénateur démocrate, Barack Obama, réussir à terrasser la machine Clinton, ils s'étaient pris à espérer.

De l'autre côté, la direction, regroupée autour de la première secrétaire, avait fini par y voir un moyen de propulser son propre candidat.

Mais cette invention géniale peut tout aussi bien apparaître comme une avancée démocratique que comme le meilleur instrument d'une périlleuse guerre des chefs.

Lorsque le 3 juillet 2010 les socialistes se réunissent dans une convention nationale au carrousel du Louvre pour adopter le calendrier des primaires, tout est en place pour les querelles à venir…

Le décryptage des non-dits aurait donné la migraine au bon docteur Freud. D'abord, Arnaud Montebourg était absent. Depuis le congrès de

Reims, c'était pourtant à lui que Martine Aubry avait confié le mandat de l'organisation des primaires et de la rénovation du parti. Or pour l'heure messire Arnaud boudait, estimant que les arbitrages successifs exigés par la direction avaient dénaturé ses primaires. Il voulait, lui, qu'elles englobent l'ensemble de la gauche, et être l'artisan de cet exploit. Mais personne d'autre n'avait voulu se joindre à l'initiative, Martine ayant des rapports épouvantables avec le reste de la gauche. Ses relations d'ailleurs n'étaient guère meilleures avec Arnaud : ce n'étaient qu'escarmouches, accrochages sur des choses minimes – bref, une incapacité congénitale à s'entendre. Arnaud donc n'était pas là, Arnaud était malade. Il avait mal aux yeux… « Un pieux mensonge », glissait-on dans l'entourage de la première secrétaire… Qui pourtant avait dû affronter un autre problème de vue au parti : Martine s'était enfoncé son crayon à maquillage dans l'œil, permettant pendant un bref intervalle à Ségolène Royal de reprendre la main ! Docteur Freud y verrait sans doute un acte manqué… Encore un…

D'ailleurs, autour d'eux, tout le monde était mécontent.

Jean-Marie Le Guen persiflait un calendrier conçu pour compliquer la tâche de Dominique… Stéphane Le Foll, chef de cabinet de Hollande, promenait sa longue silhouette dans les couloirs du

Louvre en rapportant à ses proches que ce calendrier était une déclaration de guerre contre François… Les ségolénistes, dont Martine répétait à l'envi qu'ils étaient « des amis », étaient en réalité aux abonnés absents… Chacun était en train de comprendre que ces primaires, comme on pouvait le craindre, n'étaient que la première manche d'une partie de poker menteur, une machine à tirer dans les coins… sur les camarades.

La première scène de ménage des primaires – qui n'en manquera pas par ailleurs – se déclare sur le calendrier. Martine pense encore que Dominique, pour l'instant retenu au FMI, sera candidat, et elle veut un calendrier qui lui permette de se déclarer le plus tard possible.

De son côté, François Hollande, qui veut barrer la route à DSK, plaide pour un vote d'investiture au mois de juin.

Une fois n'est pas coutume, Martine a fait du François : elle a cherché la synthèse, poussant l'art du compromis jusqu'à l'absurde. C'est cette volonté de contenter tout le monde qui a abouti à ce programme baroque : juin – octobre, pour les primaires.

Mais toutes ces manœuvres d'appareil ne résisteront pas au tsunami new-yorkais qui déferle après qu'un couple non moins baroque s'est invité aux primaires, dans la suite 2806 à New York : DSK et

Nafissatou Diallo. Il est tombé cette fois sur « un os à plumeau », rigole la presse, et de belle taille : il va manquer d'envoyer toute la machinerie socialiste par le fond.

Autre problème de ces primaires, elles vont élire un candidat sans programme distinct, puisqu'il devra de toute façon porter le projet politique approuvé déjà par le Parti. Dans ces conditions, le choix du cavalier à la casaque socialiste risque de relever du pur concours de Mister Rose.

Pendant plus d'un an, les socialistes ont mené une âpre bataille pour déterminer celui ou celle qui affrontera le candidat de la droite à la présidentielle de 2012.

Un combat longtemps annoncé comme perdu : voilà deux ans à peine, Nicolas Sarkozy semblait irrésistible, imbattable. Mais il a beaucoup déçu, surtout dans l'électorat populaire. Aujourd'hui, l'homme est vilipendé, critiqué pour tout ou presque. Ses manières ou plutôt son absence de manières, sa politique, son agitation, tout cela est condamné par l'opinion. Nicolas Sarkozy excelle dans l'art de déplaire… Il semble donc évident qu'il peut être battu, malgré ses indéniables talents de meneur de campagne, où il sait faire preuve d'une vitalité peu commune et fort redoutable.

Mais, curieusement, cela n'a pas encore profité aux socialistes, et les élections cantonales de mars 2011 sont venues rappeler cruellement cette vérité. Face à cela, Martine Aubry, perpétuant la politique poursuivie par ses aînés, avait décidé d'une mise en scène éprouvée : toutes les composantes de la gauche empilées au soir du premier tour des cantonales sur une péniche... Jean-Luc Mélenchon avait fort gentiment décliné l'invitation pour mieux endosser son costume de râleur. Cécile Duflot en revanche était là, radieuse, enchantée de tailler des croupières électorales à sa camarade Martine et surtout faisant mine de ne pas entendre les mots peu aimables de la première secrétaire pour les écologistes...

Pierre Laurent était venu pour le Parti communiste. Il s'était assis à l'extrême gauche de la table, sur le coin, comme un intrus qui aurait fini par être accepté à la table des grands... Sans charisme et sans dot électorale, il brillait surtout par sa modestie. Il savait aussi que dans les anciens bastions populaires de la gauche, les électeurs préfèrent souvent la pêche à la ligne au bulletin PS...

Mais il en faut plus pour mettre à mal la belle assurance des hiérarques socialistes tentés par une chasse aux votes bobos avec les Verts, que vient symboliser cette conférence de presse sur une péniche !

Martine a toujours excellé dans l'art de distiller les petites vacheries. Lorsqu'elle était ministre de Lionel Jospin et qu'elle devait rivaliser avec l'autre femme populaire du gouvernement, Élisabeth Guiguou, elle ne cessait de l'affubler d'un surnom d'une rare misogynie : Barbie…

En ce soir de victoire, tout auréolée de son succès, elle exulte et flingue à tout va.

Ségolène Royal : « Vous l'avez revue, vous ? »

François Hollande : « J'étais inquiète pour sa victoire en Corrèze, je n'en ai pas dormi de la nuit, c'est la première fois de ma vie que je prends des somnifères. »

Et DSK : « Dominique m'a appelée ce soir, je lui ai dit qu'il n'est pour rien dans la défaite du PS dans le Val-d'Oise. » Bref, un rappel au pied de tous les ténors, une opportune allusion au fait que la gauche a chuté dans le fief historique de Dominique Strauss-Kahn et une façon de relativiser la victoire de François Hollande.

Martine a toujours caché ses coups de gueule lorsqu'elle parlait avec DSK. Parfois, elle lui glissait un « demande à tes amis de se taire » destiné à Pierre Moscovici ou à Jean-Christophe Cambadélis. Autour d'elle, nombreux sont désormais ceux qui défendent sa candidature et ne perdent pas une occasion d'attiser les tensions : « Vraiment, cette culture de la com' au détriment du fond, c'est insupportable ! » dit l'un après le documentaire de Canal + sur Strauss-Kahn. « Faire parler sa femme, quelle stratégie archaïque ! » dit l'autre.

Mais surtout, Martine Aubry va se montrer fidèle à Lionel Jospin jusque dans le lapsus… En aparté du Conseil national qui devait le 5 avril entériner le projet du PS, Martine Aubry a glissé accidentellement un « lorsque je serai candidate » qui immédiatement a été interprété comme un aveu freudien : il s'agissait de ses désirs les plus secrets et sans doute pour l'heure les plus inavouables ! François Hollande avait à cette occasion retrouvé sa perfidie légendaire. « Il faut vite prévenir Dominique ! » a-t-il persiflé, puisque Martine et DSK étaient liés par un pacte !

L'ancien Premier secrétaire est en embuscade et pas mécontent de la tournure des événements. « De plus en plus de cadres et de militants sont séduits par sa détermination, qui tranche avec les silences de DSK et les hésitations d'Aubry », remarque un responsable de fédération. En effet, au fond des provinces, François Hollande continue à occuper une scène délaissée, pour des raisons différentes, par Aubry comme par DSK.

Mais si Martine Aubry veut être celle par qui la victoire arrive enfin dans les rangs socialistes, si elle veut s'imposer comme la candidate chouchoutée par les médias, il lui faut améliorer sensiblement ses relations avec les journalistes. Dans les rédactions, on a toujours aimé les bons mots de François Hollande, les dirigeants de presse ont toujours eu pour DSK les yeux de Chimène. Martine Aubry, quant à elle, s'est attiré l'aimable surnom de « Mère Tapedur », ayant toujours été d'une grande sévérité pour la presse. Quelles que soient ses raisons, une course à l'échalote présidentielle se gagne difficilement contre les médias !

Martine doit aussi consolider l'étrange coalition qui l'a propulsée à la tête du PS au lendemain du congrès de Reims. Depuis, elle a été mise en minorité par une partie de ses soutiens, et elle reste écartelée entre son aile gauche, les strauss-kahniens, et… François toujours en embuscade ! « Et comme la diplomatie, c'est pas son fort… » conclut un tout proche sous le sceau de la confidence… Ils s'affronteront à maintes reprises sur le nucléaire, et Martine Aubry sera même mise en minorité au bureau national par Henri Emmanuelli, François Hollande et quelques strauss-kahniens qui ont en chœur plaidé pour un abandon du tout nucléaire… Ce qui ne veut rien dire puisque la France n'est déjà plus à l'heure du tout nucléaire… Le sous-texte étant plus prosaïquement que l'on veut bien des votes écolo mais surtout sans faire de concessions ! Voilà qui annonce de bien belles prises de bec entre verts et écologistes.

Le nucléaire, le grand Paris, l'absence de transparence sur certains marchés publics... La liste des discordes possibles entre socialistes et écologistes est longue comme un jour sans pain !

Si François Hollande n'entretient pas de bonnes relations avec les écologistes, il se rêve déjà en président... président d'une Corrèze qui s'est offerte à lui comme elle s'était offerte hier à Jacques Chirac. Il s'était fixé un objectif : prendre la présidence de son département. Ce sera chose faite. Mais, pourtant, un premier grain de sable vient ternir son dessein... Mme Chirac est élue très difficilement et l'un des militants socialistes locaux a décidé de ferrailler contre « la Bernadette ». François Hollande avait pourtant demandé de faire preuve de mansuétude, par respect pour la baronne Chodron de Courcel, épouse Chirac. François ne se contentait pas de labourer ses terres corréziennes, comme Jacques Chirac, il investissait... En privé, il peste contre ce militant qui n'a rien compris à la politique. En effet, il faut savoir ménager ses arrières pour s'appeler demain président, mais plus seulement de la Corrèze !

L'odeur du pouvoir aiguise l'appétit, c'est bien connu. Une fois les couteaux tirés, tous les coups sont permis dans cette lutte intestine pour un droit au pouvoir.

Très tôt après son accession au poste de Première secrétaire, Martine Aubry avait décidé de mettre en œuvre une loi sur le non-cumul de mandats, occasion d'un premier affrontement violent avec Hollande. Il avait pu alors s'assurer du soutien des sénateurs et des hobereaux de province partis à l'assaut de la madone de Solferino, retranchée dans sa forteresse. Martine avait bien été obligée de reculer. Son bras droit, François Rousseau, résumait ainsi la situation : « Martine a dû capituler, mais ce qu'il y a de bien, c'est qu'aucun journaliste ne s'en est rendu compte. »

Pour tenter de dissimuler cette cruelle vérité, on a voulu nous faire croire qu'il n'y avait plus de guerre des chefs et pas davantage de petits meurtres entre camarades. « Solferino, c'est le pays des bisou-nours », répétait non sans malice Jean-Paul Huchon, patron de la région Île-de-France. « Unité, unité », reprenait au refrain la maîtrise socialiste, dirigée à la baguette par sœur Martine.

Les « ségolénistes » devaient être les amis de la direction, il y avait le fameux pacte entre la Première secrétaire et Dominique Strauss-Kahn… Seul François Hollande s'opposait avec une belle constance à la direction et préparait inlassablement sur le terrain sa candidature.

Pour sauvegarder cette unité si cruciale, dont elle avait fait à juste titre son cheval de bataille, Martine Aubry avait glissé sous le tapis les échanges épistolaires cinglants avec Manuel Valls ou Arnaud Montebourg, ignoré les remous suscités dans l'opinion par l'affaire de la fédération de Marseille… Au PS, comme toujours, l'unité est un sport de combat.

La Première secrétaire avait beau exceller dans son rôle de maîtresse des cérémonies, au son de la vieille rengaine du « Tout va très bien, Madame la Marquise », elle ne pouvait dissimuler que la conspiration des ego risquait d'avoir raison du rafiot socialiste. Il prenait l'eau, comme toujours, est-on tenté d'écrire. Les querelles entre les jeunes et les éléphants, la guerre conjugale entre François l'Ex et Ségolène, les intérêts contradictoires autour du fameux projet, le poids des baronnies locales… Autant de trous dans la coque. Les socialistes ayant une fois encore multiplié les divisions jusqu'à la caricature, tous se trouvaient propriétaires en indivision d'une formidable machine à perdre.

Ils avaient cru qu'un paquebot arrivait, flambant neuf, en provenance des États-Unis… Mais en labourant la mer, le grand paquebot avait rencontré un iceberg d'un nouveau genre, et le *Titanic* avait coulé.

« Depuis la disparition de DSK, tout le parti retient son souffle, avec en ligne de mire une guerre fratricide qui ne fait que commencer… Il faut juste éviter que le score ne soit trop serré entre les deux principaux candidats. Le parti ne s'en remettrait pas », résume en privé ce sondeur d'IPSOS proche des socialistes.

Une fois de plus, le moment approchait d'une bonne guerre… fratricide.

$$2.$$

MAI FAIT OU DÉFAIT (PROVERBE PICARD)

La drôle de guerre

Longtemps, il a été dédaigné par les camarades socialistes. L'entourage de Martine, à l'unisson avec les fabiusiens, ne manquait pas une occasion de rappeler son très maigre bilan à la tête du parti, et surtout le fait qu'il n'ait jamais été ministre. François Hollande est méprisé. On moque ses costumes un peu « province », son chiraquisme latent.

Dès la fin février, le directeur du FMI avait rencontré celui qu'il appelait « la petite chose » Hollande. Cette petite chose avait tendance à grandir, au point d'en devenir encombrante pour les ténors socialistes. C'est que le « François Hollande » était une valeur à la hausse, ces derniers temps, grignotant peu à peu des points dans les sondages.

Signe d'un certain énervement et d'une entrée en campagne, DSK lui avait demandé de renoncer à être candidat. Pour enrober cette demande de retrait, il lui avait proposé le poste de Premier ministre, celui-là même destiné il y a peu à Martine Aubry. De quoi arranger les rapports entre Martine et François, déjà détestables.

Peine perdue, François s'obstinait.

« Si tu ne le fais pas, si tu ne joues pas l'unité… Au lendemain des élections, tu seras mort ! » avait alors tonné DSK.

François Hollande n'avait pas bronché, sûr de lui et de sa dynamique. Mieux, il avait ébruité ce rendez-vous ultra-secret, ce que DSK ne lui pardonnera pas.

À l'Élysée, on regardait ce duel entre les deux prétendants socialistes avec intérêt, en pariant volontiers sur l'investiture de DSK.

Pourtant, en ce mois de février 2011, François Hollande n'est déjà plus le Petit Chose : il fait la une du *Point*, il sillonne la France entière, va de fédérations en fédérations, persuadé qu'il est à la porte de son destin. Pour lui, l'heure de la moisson est proche.

Côté coulisses, chez certains à droite, François Hollande est pris très au sérieux. Alain Juppé, le tout nouveau locataire du quai d'Orsay et homme fort du gouvernement, ne cesse de répéter qu'il est le plus dangereux au PS, car il reste le mieux préparé. En pleine DSKmania, le propos a de quoi surprendre !

« François Hollande est un adversaire beaucoup plus dangereux que DSK, mais, comme en 2006, les socialistes vont se fier aux sondages et vont investir DSK. » Franck Louvrier, qui a en charge la communication du président, est lui aussi confiant…

Avec quelque raison : François agrège tous les opposants possibles au candidat Strauss-Kahn.

« Je suis un type normal », assène-t-il. Si cette déclaration vise alors Sarkozy, on y perçoit un écho destiné à DSK – à la face cachée du personnage qui a déjà fait l'objet de tant de chuchotements, que l'on devine et pressent avant même l'explosion.

Martine de son côté ne se soucie pas trop de François : Dominique y va, elle se sent tranquille.

Quant au héros de l'affaire, il veille à sa tournée des popotes.

Un Américain à Paris

Ira, ira pas ? Longtemps DSK avait entretenu le doute quant à ses intentions… Dans l'attente d'un signe, d'une déclaration, tout semblait suspendu et le PS se cherchait un candidat… François Hollande s'était bien déclaré, mais le camarade Dominique avait la faveur de tous les pronostics. Pourtant en cette fin avril, il y a bien une dynamique Hollande, et elle embarrasse fort les camarades proches de DSK.

Le mercredi 27 avril est un jour singulier. Le soir même à Clichy-la-Garenne, François Hollande lance son premier meeting de campagne et, dans l'après-midi, DSK débarque à Paris. Tout est prêt pour préparer une entrée en campagne. Il rencontre d'abord la première secrétaire. Tous les deux ont décidé de se voir loin du parti. Mieux vaut être discret…

C'est alors un moment de forte tension entre aubrystes et strauss-kahniens. Ces derniers soupçonnent Martine de vouloir trahir le pacte dit « de Marrakech » et d'envisager d'y aller seule. Au cours de l'été 2009, Martine s'était rendue dans le riad des Strauss-Kahn à Marrakech. Ambiance vacances où chacun était en couple, mais flanqué tout de même de son bras droit respectif : Gilles Finchelstein pour DSK, François Lamy pour Martine. Ensemble, ils avaient décidé de ne pas se présenter l'un contre l'autre.

Mais, au début du printemps, l'entourage de DSK est saisi de doutes : il y a eu ce lapsus de Martine où elle évoquait sa candidature, à quoi s'est ajoutée une pétition de parlementaires l'exhortant à être la candidate de toute la gauche… Sous l'influence de ces événements, Jean-Christophe Cambadélis se résout à faire les comptes : il en est certain, si Martine est candidate, elle perdra la majorité au sein du Parti !

DSK discute alors avec son entourage, Moscovici notamment, qui considère Martine comme une « menteuse congénitale ». Si elle refuse la discussion ouverte en privé par DSK sur sa candidature, c'est qu'elle veut y aller, raisonnent-ils.

« Elle ne tient plus le Parti, puisqu'elle s'est fâchée avec tout le monde. Elle n'a plus de majorité. On va alors l'intimider en lui disant : "Si tu es candidate, on te fait tomber du Parti", explique ce cadre du PS et de la garde rapprochée de DSK. C'est dans cet amical contexte que Dominique rencontre Martine.

Mais quand il lui fait part de son intention de se présenter, Martine Aubry prend acte de sa décision et ne manifeste aucune résistance. Pour elle, cela sonne comme un soulagement.

« On en avait envie, mais nous sans doute plus qu'elle », glisse cet élu pourtant loyal vis-à-vis de la première secrétaire. Dans ces conditions, elle accepte volontiers de s'effacer.

« Comme un malheur n'arrive jamais seul, Ségolène est toujours candidate et DSK est désormais en course », soupire ce proche d'Arnaud Montebourg, soulignant ainsi s'il en était besoin qu'avec les grandes manœuvres socialistes, ce sont les problèmes qui vont commencer.

DSK n'a pas oublié le refrain que n'a cessé de lui seriner son conseiller Ramzy Khiroun : « Solferino, c'est une maison de fous. » Ramzy n'aime pas les socialistes et ils le lui rendent bien ! Il faut dire que ses manières de voyou, son arrogance et sa propension à toujours mettre le doigt là où ça fait mal dérangent... Une intelligence qui se moque des manières, ce que résume à sa façon ce journaliste hier en cour à l'Élysée sous Mitterrand : « Ramzy, c'est l'homme qui protège DSK de ses secrets et de ses démons... C'est un peu son François de Grossouvre mais sans l'élégance... » Peut-être, mais sans doute plus efficace encore...

Alors, pour cette tournée des popotes de la fin avril, DSK a pris soin de soigner ses petits camarades et surtout de flatter leur ego, en n'oubliant personne. Après avoir vu Laurent Fabius, il s'est rendu rue du Regard pour recevoir l'adoubement de son ancien patron, Lionel Jospin. Ce soutien qu'il avait tant attendu lors des primaires de 2006 et qui n'était jamais venu. Aujourd'hui peut-être plus qu'hier, il en a besoin pour soigner un peu plus son profil d'homme de gauche ! Mais Jospin ne pèse plus rien. Il n'a rien contre DSK, mais il est encore vexé comme un pou de son échec personnel. « Allez-y », dit-il au futur candidat. Ensuite, Dominique appelle celle qui n'hésitait pas hier à le traîner dans la boue, Ségolène Royal… Laquelle a su d'ailleurs opportunément revenir dans les médias, histoire sans doute de faire monter les enchères !

À ce moment, Ségo est à la peine. Dès l'université d'été 2010, son entourage lui a suggéré que, contre Hollande, il serait bon qu'ils soient tous unis : en conséquence, on lui suggérait de soutenir Dominique le plus tôt possible. Ségolène sait qu'elle ne pèse rien à ce moment et elle est à l'écoute.

Le 27 avril, DSK l'avait déjà rencontrée à deux reprises, ayant entamé très tôt ses manœuvres d'approche. Elle avait commencé par dire non, puis ce *non* s'était fait plus mou, pour finir par un *non* laissant place à la négociation : son poids déclinait, il ne lui restait plus qu'à se vendre. Le 27 avril, Ségolène laisse donc tout ouvert.

En réalité, elle déteste DSK. Mais là, leurs intérêts sont convergents… Elle est très basse dans les sondages, elle estime que sa candidature patine. L'ambition de Ségolène est sans doute toujours aussi forte, mais elle n'en a plus les moyens… Dans ces conditions, un bon ralliement vaut mieux qu'une gamelle !

Enfin, DSK achève son périple le 29 avril dans la maison socialiste par un appel à Henri Emmanuelli et à Benoît Hamon, qui avec leur courant « Nouveau Monde » incarnent l'aile gauche du Parti. C'est peu dire qu'Henri Emmanuelli ne goûte guère son aisance avec les milieux d'affaires et les grands décideurs. « Je n'oublie pas mes origines », répète-t-il.

Emmanuelli porte haut et fort les couleurs de la gauche. Il aurait pu suivre Jean-Luc Mélenchon, mais les deux hommes se sont séparés et il a des mots très durs pour l'ancien socialiste devenu leader du Front de gauche. « M. Mélenchon avait très envie d'une aventure personnelle… Peu lui importent les intérêts de la gauche et du Parti. Je trouve cela dommage et somme toute fort peu respectable », tonne le député des Landes. Pourtant, comme Jean-Luc Mélenchon, il ne cesse de stigmatiser les dérives « sociales libérales » de ses petits camarades.

DSK a beau être le banquier de la planète, il connaît son lexique d'homme de gauche et s'en sert pour amadouer le fougueux Landais.

« Je suis ouvert à toute proposition sur le programme, déclare-t-il à son interlocuteur, je saurai vous écouter. » À quoi Emmanuelli réplique : « J'aurais préféré que ce soit Martine. » DSK insiste, se déclarant « ouvert à la négociation pour rassembler tout le PS ».

Emmanuelli prend acte et s'en va consulter sa base. Mais cela signifie surtout que DSK a circonscrit une possible candidature sur sa gauche.

Du côté de Benoît Hamon, les choses sont plus complexes. Hamon, fils spirituel d'Emmanuelli, n'oublie pas non plus d'où il vient. Malgré son ambition, il se refusera toujours à transgresser certaines limites. Il avait été la révélation du congrès de Reims et avait permis à Martine Aubry de prendre la direction du Parti. En échange de ce précieux soutien, la première secrétaire en avait fait son porte-parole. Mais cette proximité avec la patronne des socialistes n'était pas pour lui synonyme de loyauté de tous les instants. Il goûtait aussi peu le fameux pacte de Marrakech que le profil de Strauss-Kahn : ses inclinaisons sociales libérales, son goût immodéré pour l'argent... Lors de l'université d'été de La Rochelle de 2010, où le leitmotiv entonné par l'ensemble des camarades socialistes était celui de l'unité, les membres du Nouveau Monde d'Henri Emmanuelli et de Benoît Hamon s'étaient réunis dans un hôtel à quelques encablures de l'espace Encan où ont lieu les festivités socialistes. DSK était à Washington, et cela valait mieux, tant les propos des camarades lui étaient hostiles.

« Dominique, en tant que socialiste, ne peut pas valider un plan d'austérité sur la Grèce. »

« Au fond, la dérive sociale libérale a fait plus de mal à la France et au PS qu'elle n'a contribué à rendre crédible la gauche. »

« Quand on entre en politique, ce n'est pas pour faire la politique des banquiers. »

À l'issue de la réunion, Benoît Hamon avait confié à quelques journalistes « sa détermination à y aller s'il est candidat ». Il le confirmera publiquement un peu plus tard…

Car en réalité, pour bon nombre de socialistes, si DSK est l'homme qui met l'Élysée à portée de mains, il est aussi l'homme qui aime les riches !

L'homme qui aimait les riches

Cette familiarité avec les gens d'argent… Elle va venir brouiller ce séjour parisien censé préparer sa candidature. « Personne n'ignore son aisance avec l'argent, ses relations avec les milieux d'affaires, il n'empêche que cet essai de la Porsche de Ramzy alors qu'il est venu annoncer sa candidature est du plus mauvais effet… Et puis, elle est inquiétante car elle laisse deviner beaucoup de naïveté. »

Ce supporter de DSK ne cachait pas son amertume dès ce premier faux pas, même s'il savait faire front devant les caméras.

« On ne pouvait rêver plus mauvais démarrage pour lui… On savait qu'il aimait l'argent, mais il aurait dû faire plus attention », glisse de son côté un de ses supporters à la direction du parti, passablement soucieux.

Jean-Pierre Mignard, qui a le sens de la formule, avait en marge d'une réunion des clubs Témoin étrillé Dominique Strauss-Kahn en racontant qu'il était allé avec lui à Sarcelles dans une limousine et avait eu le sentiment que l'on passait alors de la gauche caviar à la gauche parrain !

C'était il y a presque dix ans. Depuis, Dominique roule en Porsche et Jean-Pierre est devenu l'un de ses plus fervents supporters.

En réalité, on n'en est qu'au hors-d'œuvre avec cette voiture, compte tenu des difficultés qu'il va bientôt causer à ses camarades…

Pourtant, cette entrée en campagne avec Porsche et fanfares n'est pas faite pour déplaire à certains de ses acolytes socialistes, en toute camaraderie bien entendu. En pleine euphorie autour du candidat américain chéri des sondages, quelques voix dissonantes peinaient à se faire entendre. Jean Glavany n'hésitait pourtant pas à dire qu'il fallait que ce soit Martine ou François : « DSK n'incarne pas la gauche. L'élection doit se jouer sur la protection sociale, et son parcours comme ses idées ne plaident pas en sa faveur… Il n'a pas compris les Français. »

Martine Aubry de son côté y va de son couplet amical : « C'est une faute de goût. »

Plus tard, François Hollande annoncera sa venue aux organisateurs des Solidays par deux SMS :

« J'arriverai en Porsche noire. »

Suivi par un :

« Non, je blague, en Mégane beige ! »

Mais, en dépit de ce faux pas, la candidature de DSK prenait forme. Lors de son séjour parisien, il avait décidé d'annoncer son entrée dans la compétition des primaires le 21 juin. Ce n'était pas l'été qu'il entendait ainsi célébrer, mais plutôt la vague rose de 1981.

NYC

Le 14 mai à New York à 10 heures du matin, le téléphone de DSK sonne. C'est Pierre Moscovici, son futur directeur de campagne, qui doit présenter son livre quelques heures plus tard à la télé… Il veut en parler avec lui, solliciter son avis.

Pierre Moscovici ignore encore que ce téléphone appartient déjà à un passé qui signe le faux départ de la gauche dans cette compétition présidentielle. Une victoire à portée de bulletins, mais une victoire en trompe l'œil, puisque deux heures plus tard, une autre histoire commence.

C'est l'histoire d'un homme à qui tout semblait promis et qui a été rattrapé par son destin, laissant alors échapper celui de la gauche tout entière… Il était attendu, il était désiré… Finalement, il aura occupé les unes de la presse mondiale pour un fait divers.

Le jour, la nuit… Là bas, ici…
14 mai 2011, 15 h 30, New York

À ce moment, il est encore seul à savoir. Il se hâte vers l'aéroport dans la chaleur de mai. Un taxi traverse cette ville tentaculaire pour le déposer aux portes d'un immense labyrinthe, l'aéroport JFK. Un terminal sans fin, aussi grand qu'une ville. Dans quelques heures, il doit atterrir à Paris. Magie du décalage horaire, ce sera un autre jour… mais peut-être pas seulement par la grâce des fuseaux ! L'agitation qui l'attend là-bas risque fort de le projeter dans une autre solitude, bien plus profonde et définitive.

Il reste sept heures d'avion entre lui et le chaos qui l'attend. Pour l'instant, il se force à respirer calmement : quelque chose a dérapé dans un vieux système toujours menacé. De l'épisode, bref, violent, dans la chambre du Sofitel, il garde un goût étrange, la sensation d'un danger…

Dans un New York immuable, il garde cette nonchalance qui n'appartient qu'à lui. Son regard sombre où perce tout à la fois insolence et pessimisme se promène sur cette ville enivrante.

Mais le calme est apparent. Il sent confusément que la bombe est amorcée, le décompte lancé : il est cette bombe. Et d'être seul à le savoir lui donne pour quelques heures plus de pouvoir qu'il n'en a jamais eu.

Le jour à New York, la nuit à Paris… Longtemps il a jonglé avec les décalages horaires et les courses internationales, sans jamais perdre cette étonnante facilité, cette parfaite désinvolture qui ont toujours fait son charme. Il passait du jour à la nuit, tel un prestidigitateur, comme pour mieux cacher sa face sombre.

Il s'installe dans l'avion pour Paris. Le départ est prévu dans dix minutes. En France, il fait nuit. Il songe à ses camarades du parti, à l'espoir qu'il suscite. À Times Square, son téléphone portable sonne en vain, oublié dans la chambre. Des affaires jonchent le sol.

Anne Sinclair, sa femme, se prépare chez elle. Elle doit retrouver Patrick Bruel pour son anniversaire. Comme il joue au théâtre, la soirée doit débuter tard… Et puis son petit-fils est sur le point de naître… Son téléphone sonne, c'est son mari. Un coup de fil bref, au terme duquel il lâche un laconique : « J'ai eu un problème grave. »

Le décollage est imminent et plusieurs hommes montent dans l'avion. Ils n'ont pas l'air essoufflé de ces voyageurs attardés qui viennent d'attraper leur vol au finish. Ils remontent les travées de la classe affaires, viennent dans sa direction. Puis ils se penchent sur lui, confortablement installé en classe affaires.

« C'est à quel sujet ? » demande-t-il à l'homme qui se penche sur lui.

« Police des frontières », répond simplement son interlocuteur.

Ils sortent. Discrètement. Déjà il n'est plus seul à savoir. Le temps du pouvoir est terminé. Il n'offre aucune résistance et les suit…

Anne Sinclair prend la route pour se rendre à cette fête… Son portable sonne. Elle comprend immédiatement que la situation vient de basculer. Au téléphone, William Taylor. Il n'est nullement un inconnu pour Anne Sinclair. Cet avocat réputé de Washington avait défendu avec efficacité son mari lorsque sa liaison avec Piroska Nagy avait été révélée. Il lui explique qu'il est en garde à vue et que l'affaire est cette fois beaucoup plus sérieuse. Elle blêmit…

Aussitôt elle appelle une amie de très longue date. Une amie de sa bande à elle, celle de la place Dauphine, à l'époque où elle était mariée à Ivan Levai. Quelques mots lui suffisent pour évoquer le péril qui s'annonce. Elle sait que l'arrestation de son mari est une déferlante dont la pointe ne va pas tarder à toucher Paris. Il s'agit d'échapper au plus vite aux paparazzis qui vont bientôt faire le siège de son appartement… L'amie a compris, elle aussi. Elle l'invite à venir au plus tôt. C'est là, chez Jean Frydman, qu'Anne Sinclair trouvera refuge. C'est d'ailleurs avec lui que DSK et sa femme fêteront plus tard la fin de l'assignation à résidence de l'ancien patron du FMI.

À Paris au Stade de France, coup de sifflet final sur la pelouse. Sur un coup-franc arrêté de Ludovic Obraniak à la quatre-vingt-neuvième minute, le LOSC a battu le PSG à 1-0. Pour la première fois depuis cinquante-six ans, Lille vient de remporter la coupe de France. Bon prince, le maire de Paris enlace Martine Aubry pour la féliciter. La nuit tombe sur la capitale, sur les supporters survoltés et les dirigeants du LOSC qui s'apprêtent à fêter la victoire en compagnie de Martine Aubry.

Depuis quelques jours, la Première secrétaire socialiste est soulagée. Elle est de moins en moins candidate pour l'élection présidentielle. En privé, elle ne cachait pas son peu d'envie d'aller à l'Élysée… Avertie quelques jours plus tôt du désir de DSK de devenir le candidat des socialistes, elle fait la fête sans retenue, un poids en moins sur les épaules.

La route a été longue jusqu'au bureau de police de Harlem : l'aéroport est tout en bas de la ville, Harlem tout en haut. Au moment où DSK y pénétrait, encadré de policiers new-yorkais, son fidèle lieutenant Pierre Moscovici faisait son entrée sur le plateau de Laurent Ruquier sur France 2.

Il a choisi son champion de longue date, il vient d'en faire un livre : « Dominique, on t'attend », dit-il en substance. On évoque le sondage du *Journal du dimanche*, à paraître le lendemain, qui le place loin en tête. On prédit à Mosco un poste de Premier ministre s'il est élu. DSK a été son prof, et depuis près de trente ans, il est l'un de ses lieutenants les plus fidèles. Il ignore alors que sa fidélité va être sérieusement mise à l'épreuve.

Au stade de France, les tribunes se sont vidées, dans la marée des drapeaux frappés du dogue rouge de l'Olympique Sporting Club, les fumigènes et les clameurs. Martine va faire la fête avec Michel Seydoux, le propriétaire du club lillois, une partie de la nuit, jusqu'à ce coup de téléphone qui pour l'instant reste à venir, épée de Damoclès suspendue au-dessus des hiérarques socialistes à Paris, des brasseries et de la foule du Nord, du plateau télévisé où celui que les camarades appellent Mosco déroule ses rêves.

C'est la vie française. Comme elle est loin, maintenant ! Après la fuite en taxi dans la ville, après ces murs suintants du commissariat, il n'emmènera plus personne jusqu'aux sommets de l'État. Et au cœur du désastre, peut-être est-ce pour lui un secret soulagement.

Il est tard à Lille. Martine a rallié sa ville et fait la fête avec François Rousseau, chargé de ses relations avec la presse. Lorsque son téléphone sonne et qu'il voit s'afficher le numéro de ce correspondant lillois de RTL, il craint d'abord un accident dans la ville en liesse. Mais tout va bien dans la capitale du Nord, c'est à New York que les nouvelles sont mauvaises… Martine n'en croit pas ses oreilles.

Magie d'Internet et du décalage horaire, l'iPhone de François Rousseau se transforme en écran pour naviguer sur tous les sites américains. Depuis un café de la rue Esquermoise, Martine Aubry a les yeux rivés sur New York, parmi les clameurs de joie de ses administrés.

Elle comprend que désormais ce sera à elle de jouer… Sa vie vient de basculer.

La soirée est finie et la nuit commence. Or la nuit appartient depuis toujours à la dramaturgie socialiste, et celle-ci ne fera pas exception. À cela près qu'elle a pris ce soir des accents plus tragiques. Il est 1 h 30 du matin et le Tout-Paris du pouvoir est réveillé ou surpris dans une soirée qui s'étire.

Harlem Désir rentre chez lui et s'étonne de trouver seize messages sur son répondeur.

Jean-Paul Huchon, qui est au festival de Cannes, est réveillé par son fils qui s'excuse : il a l'impression que c'est du sérieux, puisque la nouvelle est sur le site Internet du *New York Times*…

Rive droite, rive gauche…

Au palais de l'Élysée, le préfet Christian Frémont est prévenu par la direction du groupe Accor de ce qui vient de se passer à New York. Ensuite, le directeur de cabinet prévient Claude Guéant. On décide de ne pas avertir immédiatement le président…

Les hiérarques socialistes l'apprennent en même temps… Moins d'une demi-heure plus tard, un flash sur France Info annonce l'incroyable nouvelle à la France déjà endormie.

Partout dans les appartements la nouvelle tombe, tirant les hiérarques socialistes un à un de leur lit. Le temps d'émerger du sommeil, les voilà attentifs, oreilles dressées. Ils sentent dans la même seconde le cataclysme et leurs chances renouvelées, ils regardent rouler les dés, redistribuer les cartes qui dessinent une nouvelle donne…

Anne Sinclair, Martine Aubry

Ce soir, ces deux femmes seules ne se sont pas croisées. Mais pour l'une comme pour l'autre, le réveil sera difficile. Anne Sinclair est rongée par l'inquiétude… Elle connaît son homme, elle n'ignore pas ses faiblesses. Elle avait toujours fermé les yeux sur ses agissements. Sa vieille amie Elisabeth Badinter lui avait demandé de réagir, de ne pas se laisser ainsi piétiner… Anne avait préféré s'éloigner d'elle pour le protéger.

Martine Aubry, elle, contemple les cartes balayées et les fatigues qui attendent une secrétaire nationale du Parti socialiste dans le cyclone qui commence.

On raccroche ici et là les téléphones. Il y a désormais un avant et un après la suite 2806. Le dimanche 15 mai, une heure et demie après minuit, tout l'édifice reconstruit après le désastreux congrès de Reims s'est écroulé.

Dès l'aube, l'avant 15 mai est anéanti. L'hallali a commencé à 8 h 50 sur RTL avec Stéphane Rozès : il évoque la désinvolture de DSK, son éloignement, l'opposant à Hollande qui laboure sa Corrèze pour entamer une longue montée sur Paris. « Strauss-Kahn assène des leçons, dit-il, tandis que Hollande n'apporte pas seulement, il écoute, il prend conseil. »

Dès 7 h 30, Attali avait déclaré sur France Inter que, pour la présidentielle, ce serait Aubry contre Hollande et voilà tout. Il n'est pas certain que les quinquas l'entendent de cette oreille. Passé le moment de sidération et de désolation, le jeu est relancé. Les candidatures ne vont pas tarder à se reformer, et les alliances non plus

Quant à Bernard Debré, il a foncé bille en tête, n'hésitant pas à parler d'un « homme peu recommandable ». Il est vrai que les chefs d'accusation ont de quoi assommer un éléphant, voire toute une génération : « Agression sexuelle, séquestration et tentative de viol. » Quelle que soit l'issue, il est fini. Une innocence judiciaire ne réparera sans doute jamais le prix politique de telles accusations. On l'a extrait de l'avion, mais lui a explosé en vol.

On riait, il y a peu, des atermoiements de ce candidat si lointain, de ce pressenti qui ne se déclarait jamais.

Pour la gauche française, il était le messie, celui que l'on attendait et qui constituait une sorte d'assurance pour accéder au pouvoir en 2012. Tous ces rêves se sont envolés…

Mais 15 mai ou pas, les hiérarques socialistes doivent continuer la bataille, en sachant qu'au PS un candidat perdu signifie sans doute dix candidats de retrouvés.

Pourtant, une question taraude la gauche qui veut au lendemain de ce désastre encore croire au complot. Cet homme qui ne regardait personne, qui ne souriait pas, « ventre en avant, main dans la poche », dit un journaliste, cet homme aux paupières lourdes qui semblait souvent indifférent à tout, voulait-il vraiment être président de la République ?

L'homme qui ne voulait pas être roi…

Dès l'annonce de l'arrestation de DSK, la garde rouge se retrouve chez Stéphane Fouks pour un petit déjeuner de crise. En ce triste dimanche matin, les quatre mousquetaires ont le panache en berne : Ramzy Khiroun, Stéphane Fouks, Gilles Finchelstein et Anne Hommel. À part Khiroun, l'imprudent conducteur de la Porsche de fonction, ils travaillent tous chez Euro RSCG. Ils sont ces communicants tout-puissants dont le règne a commencé sous Mitterrand avec Séguéla, l'homme du célèbre slogan de la force tranquille.

Leur omniprésence avait d'ailleurs poussé Martine Aubry à tacler sévèrement cette armada de conseillers : « Le candidat socialiste devra être celui du Parti, avait-elle rappelé, et non celui d'une agence de communication. »

Aujourd'hui, on fait des gorges chaudes de « la Porsche tranquille », alors que la météo, elle, reste fermement bloquée sur « avis de tempête ».

Stéphane Fouks sait recevoir. Des viennoiseries en nombre, du jus d'orange fraîchement pressé… Mais l'appétit manque à ces esprits abattus. La nuit a été courte, ou plutôt écourtée par un coup de fil qui les laisse tous là, sans voix.

Ce qui réunit à ce moment ce quarteron de fidèles, c'est leur capacité à gérer la communication de crise. Mais, ce matin, c'est dur comme un dimanche. Ils ont traversé les rues vides de Paris aux petites heures, en mesurant peu à peu l'ampleur des dégâts. La chute est rude : hier encore, ils étaient les mousquetaires du futur roi élu au suffrage universel, de l'homme promis à l'Élysée.

C'est quand même la quatrième campagne électorale qui leur échappe. Et cette fois, ce n'est pas que leur favori ait manqué de peu la ligne d'arrivée : il ne prendra pas le départ, il ne sortira même pas du paddock.

Si ces hommes et cette femme n'ont pas sur le destin du monde autant d'influence qu'ils l'imaginent, ils ont assez d'expérience pour savoir que quand le paddock s'appelle Rikers Island, la sinistre prison du Bronx, il n'y a pas de complète rédemption. L'image est trop désastreuse, et l'Amérique ne fera aucun cadeau aux grenouilles qui n'ont pas soutenu la guerre en Irak.

Tout cela tourne dans les têtes, indistinct encore. On se verse nerveusement du café, on finit par chipoter sur un bout de croissant, pour s'occuper les mains. L'ambiance est lourde. Silence et gorges nouées. Chez les caciques du PS, on appelle cela la sidération, un mot qui va faire fortune un moment dans les médias.

« Il a été rattrapé par sa face sombre », finit par dire ce lieutenant de la première heure, lançant ainsi la discussion.

Autour de la table, personne n'ignorait l'incroyable appétit sexuel du patron. Ils n'avaient pas cru simplement que cette quête éperdue de la jouissance le pousserait à la faute, les laissant seuls et comme orphelins.

Les signes pourtant n'avaient pas manqué. Anne Hommel, sa plus fidèle collaboratrice, s'était maintes fois confiée à une amie restauratrice de la rue Balard. Sans retenue et souvent sans aucune discrétion, il récupérait le numéro de téléphone d'une maquilleuse, d'une assistante croisée sur un plateau de télévision. Elle savait bien que cela un jour poserait des problèmes… Mais elle voulait le croire assagi, et puis il y avait Anne. On lui avait demandé de veiller sur lui pour le protéger de ses démons, et elle le tenait toujours par le bras à chacune de leurs sorties. Il était surveillé de près, nouveau baron de Charlus de la fin de la *Recherche du temps perdu,* que son vieil amant suit à la trace pour l'empêcher de courir après les petits télégraphistes.

Les mousquetaires ont baissé la garde, perdu de leur vigilance ; ils savaient pourtant, mais pris au piège de l'habitude, ils avaient fini par croire que le petit jeu de la séduction insistante resterait sans conséquence.

Ensemble, ils avaient déjà désamorcé l'aventure avec l'économiste hongroise du FMI, ensemble ils avaient étouffé l'affaire de Tristane Banon. Mais, cette fois, le sol se dérobe sous leurs pieds. Ils n'ignorent pas non plus le poids de la presse américaine. D'ailleurs, ils ne sont pas les seuls à connaître les errements du patron. Déjà, lorsqu'il était ministre des Finances, beaucoup se souviennent de ses écarts, de ses douches prises en milieu d'après-midi ou de ses escapades dès le lendemain de son mariage avec Anne Sinclair. Certains de ses conseillers de Bercy s'alarmaient d'une telle attitude.

Quelques jours après son mariage, lors d'un déplacement officiel, il avait fait venir une hôtesse pour s'occuper de lui dans le fond de l'avion. À un conseiller qui lui faisait remarquer l'aspect à tout le moins gênant de la chose, il avait rétorqué, un brin bravache : « Ça ne compte pas, il y a décalage horaire. »

Ou encore, ce conseiller de Robert Badinter au Conseil constitutionnel, qui se souvient non sans dégoût d'un déplacement avec lui en Géorgie alors qu'il était ministre de l'Industrie. Il garde un souvenir très vif de l'étalage de débauche dans lequel il évoluait, faisant « venir des filles » pour lui et sa suite.

Mais si tout cela faisait de lui un libertin, sa garde rapprochée doit affronter aujourd'hui une accusation de viol… On ne joue plus, on est passés dans la cour des grands : des grands délits, et, dans leur sillage, des grands ennuis. Pour répondre à une telle accusation, il faut très vite trouver quelques éléments de langage pour communiquer, minimiser les faits et sortir Dominique du pétrin dans lequel il s'est complaisamment embourbé ! Ce matin-là, il ne reste plus qu'à faire front. Et vite.

Alors, on pare au plus pressé. On a beau être un communiquant de premier ordre, être la quatrième agence de pub du monde et mener la politique et les hommes, dans l'urgence on ressort la quincaillerie qui a fait ses preuves : la vieille théorie du complot, assortie du bréviaire lexical qui convient. On dira donc que c'est un homme qui aime les femmes et qu'il a été sans doute attiré dans un piège. Voilà la réponse imaginée par des esprits encore abasourdis. Ensuite, on fera donner la vieille garde des fidèles liés au clan Fouks : Jean-Marie Le Guen, Jean-Christophe Cambadélis ou Michèle Sabban, pour relayer et diffuser ces explications sur les ondes radio ou sur les plateaux de télévision. Emportée par un élan sincère, Michèle Sabban y mettra d'ailleurs tellement du sien que Jean-Paul

Huchon finira par la sommer d'arrêter de dénoncer « un complot mondial » sur toutes les radios et tous les plateaux de télévision.

Une fois ce point temporairement réglé, ils reviennent à la réalité immédiate : Anne Sinclair, l'épouse bafouée. Elle ferme les yeux depuis toujours sur les égarements de son mari, jusqu'au déni. Au point de tourner le dos aux amies qui se risquaient à lui en parler, telles Elisabeth Badinter ou Laure Adler.

Cet accident, reconnaîtra un proche, pourrait sonner le glas de sa bienveillance en même temps qu'il signe l'arrêt de l'itinéraire politique de son mari. Du coup, c'est un cri unanime : il faut à tout prix la protéger. Car protéger Anne Sinclair, c'est aussi s'assurer de sa loyauté et surtout de son soutien financier : « Elle a soixante ans, elle a renoncé à sa carrière et il ne lui reste plus qu'à payer pour réparer les conneries de son mari », ose l'un des hommes autour de la table.

Ils se doutent bien que la liberté de DSK aura un prix, même s'ils ignorent encore qu'il se montera à 6 millions de dollars. Sans compter qu'il ne peut espérer un jour sortir libre qu'après avoir déboursé plusieurs autres millions en frais d'avocats et de détectives…

Comme le dira en privé cet ami du couple, « cette histoire est celle d'un effroyable gâchis. Un gâchis politique, puisqu'il permet à Nicolas Sarkozy de se remettre en selle, et un gâchis humain qu'Anne va devoir payer cher à tous points de vue ».

Quelques heures plus tard, la fidélité d'Anne Sinclair se vérifie une fois encore. Elle s'envole pour New York en compagnie d'Anne Hommel, accourant l'une et l'autre à la rescousse de leur champion.

Une semaine est passée. Gilles Finchelstein, François Kalfon – élu PS, mari d'Anne Hommel – et quelques autres se retrouvent à Paris. L'ambiance est morose. On est clairement passé de l'abattement à la colère contre le champion déchu. François Kalfon est le plus véhément. Il partage avec beaucoup de ses camarades un sentiment de trahison. Mais il semble aujourd'hui être le seul à pouvoir trouver les mots et surtout s'alarme du fait qu'il ait peut-être par son comportement livré la France pour cinq ans de plus à Nicolas Sarkozy.

« Tu comprends, on a tout fait. On a pu gérer la Porsche, on a étouffé les costards à 30 000 dollars, on a tancé les journalistes pour préparer son entrée en campagne… Et voilà qu'on a l'air de cons ! »

La suite 2806 est-elle le sanctuaire d'un acte manqué majeur ?

La question est sur toutes les lèvres, y compris sur celles de ses plus fidèles lieutenants. « Incapable de sublimer, incapable de dominer ses pulsions alors même que tout lui semblait promis, cela tendrait à prouver qu'il n'était pas outillé pour le job. » Le constat est sévère, implacable et il émane de son fameux quarteron.

On cherchera en vain une explication sur ce qui a pu se passer dans cette suite new-yorkaise, qui a définitivement stoppé une candidature annoncée.

**En arrière toute
(La Nostalgie, Camarade…)**

Paris, 28 mai 2011. Convention nationale des camarades socialistes, et adoption de leur projet à l'unanimité. Le tout dans la plus grande indifférence des Français. Ils ont eu en effet un feuilleton bien autrement croustillant à se mettre sous la dent deux semaines plus tôt, avec en premier rôle un camarade devenu à la fois héros malgré lui d'une série B et un encombrant allié d'hier.

Il n'était pas encore là, à présent il n'est plus là… Une double absence pour une entrée en campagne présidentielle. Cette absence ne fait en réalité que souligner combien le Parti semble préférer hier à aujourd'hui, et peut-être à demain ! Signe de cette nostalgie persistante, les ombres du candidat américain et du défunt président sont omniprésentes avec ce clip sur les années 1980 et un François Mitterrand iconisé… L'heure n'est plus au droit d'inventaire jadis évoqué par Lionel Jospin.

Ce 28 mai, dans l'ancien entrepôt de la SERNAM, face au village de Bercy, désormais destiné aux défilés de mode, la photo est jolie : François Hollande, casaque bleue, Bertrand Delanoë et Martine Aubry, casaque rouge, Ségolène Royal, chemisier rose et Laurent Fabius en autorité morale… Touchante réunion de famille, mais l'instantané a les vertus du cliché Polaroïd : les couleurs vont vite faner, perdre de leur éclat factice et flatteur.

Sous les casaques du premier rang, en effet, on a, dans l'ordre d'arrivée probable : Martine qui pleure DSK et qui est candidate, motivée par la seule détestation de François Hollande. François qui est arrivé en retard et qui persiste, persuadé que c'est son heure contre tous les ténors du Parti… Ségolène qui n'en finit pas en privé de se féliciter de la mésaventure survenue à l'Américain. En effet, le jeu est désormais ouvert : si jusque-là sa campagne patinait, elle veut croire que son heure est à nouveau venue. Elle est assise entre Martine et François. Pour celle qui est donnée comme la troisième force du parti et qui devrait être la faiseuse de roi après le retrait de DSK, cette position stratégique ne manque pas de piquant. Les journalistes remarqueront ses sourires et clins d'œil appuyés en direction de son ex. Il n'en faudra pas plus pour qu'aussitôt dans la presse et chez les militants se répande l'idée d'un nouveau pacte, mais cette fois entre elle et lui, Ségolène et François !

À la gauche de cette formidable brochette, les orphelins du *Titanic* : Vincent Peillon, Pierre Moscovici et Manuel Valls.

Ceux-là, abattus par la chute de leur mentor américain, donnent l'impression d'être là pour un désastre. Plus rien ne les fait rêver.

« On croyait devoir jouer un match avec Manchester United, là on va devoir mouiller le maillot pour Dijon ou Évian », laisse tomber d'un air désabusé l'un des supporters de DSK.

« On n'est pas pressés non plus de rejoindre tel ou tel candidat. La primaire n'a plus vraiment la saveur qu'on attendait », dit un autre strauss-kahnien, jugeant peu impressionnante « l'offre restante ».

Depuis la chute de leur champion, leur vie est devenue pénible. « Ça va, c'est pas trop dur ? » leur répète-t-on à longueur de journée.

« La commisération que tout le monde a pour les strauss-kahniens est insupportable », grogne Cambadélis.

Du coup, la convention… Les orphelins ne sont pas vraiment là et ils sont plutôt dissipés. Peillon passe son temps à pianoter sur son iPhone, Mosco est collé à son portable. Le reste du temps, ils bavardent avec le voisin comme des écoliers dissipés.

Ils sont assis à côté de jeunes gens pressés, Benoît Hamon et Arnaud Montebourg... Qui craignent, eux, d'être les hérauts d'une génération sacrifiée. Hamon attend sagement que ça passe. Il a été la grande surprise à Reims en engrangeant 20 % des voix, il a été celui qu'on n'attend pas. Dans le « tout sauf Ségo », il est incontournable. Depuis le départ de Mélenchon à Reims, le champ de la gauche reste à son mentor, Emmanuelli. « Hamon reprend la maison Emmanuelli en viager », persifle un camarade. En porte-parole de Martine, il a toutefois été d'une loyauté exemplaire. À cela près qu'il ne cessait de plaider pour Martine contre le président du FMI. « Si c'est DSK, j'irai », avait-il déclaré. Le sort a réglé son dilemme. Le seul qui semble vraiment présent, mais sur son quant-à-soi, dans une posture de premier de la classe, bras croisés, tête haute, c'est Arnaud Montebourg. Prêt à braver toute la direction.

De l'autre côté, sur la droite, on avait sorti la vieille garde. Mauroy, l'air fatigué et absent, Emmanuelli mécontent d'être avec les vieux, Jospin, très honoré d'être une espèce d'autorité morale malgré le 21 avril. Depuis, DSK avait fait pire. Des vieux beaux, des crinières argentées, mais contrastées : Emmanuelli sous la blancheur reste le grand brun landais ; Jospin arbore un blanc ivoire, alors que Mauroy a presque des reflets bleus. La gratuité des soins capillaires offerts au Sénat n'y est sans doute pas étrangère.

Ce 28 mai marque donc le premier rendez-vous de tous les camarades depuis l'arrêt brutal de l'espérance DSK.

Lorsque les haut-parleurs de la Halle Freyssinet se mettent à cracher la chanson *Au départ* d'Alex Beaupain, on est pris d'étonnement à l'écoute de cette ritournelle nostalgique qui dresse le parallèle entre les illusions perdues d'un électeur de 1981 et l'échec de son histoire d'amour !

« J'y croyais sans trop y croire », braille le refrain.

« Les histoires d'amour finissent mal en général », pourrait-on chanter en retour…

Un défaitisme singulier qui fait regretter l'absence des illustres aînés. Et c'est vrai que les socialistes sont à la peine pour trouver le refrain, le ton juste.

Dans la salle, la moyenne d'âge est assez proche de la carte vermeille ; une foule très peu métissée, qui compte peu de jeunes. On perçoit l'absence d'envie, le parti est encore groggy debout de l'affaire DSK, et à la veille du combat, tout le monde se regarde en chien de faïence.

« On ne sait pas si ça va virer à la guerre contre tous les camarades ou si la raison va l'emporter », résume un militant avec un gros soupir.

Cette convention pour l'adoption du projet de la présidentielle devait être celle du départ en campagne. Mais devant ces silences pesants, ces applaudissements poussifs, ces regards scrutateurs d'une écurie à l'autre, on comprend qu'elle ne signe pas le début d'une reconquête mais bien plutôt les prémices d'une guerre à mort entre camarades.

L'ambiance n'y est pas... On écoute poliment les seconds couteaux...

Signe aussi des prémices d'une guerre de l'opinion, les lieutenants sont nombreux à traîner autour de la salle presse. Histoire de s'offrir quelques apartés avec des journalistes qui constitueront autant d'exocets contre l'écurie rivale.

On scande à la sono le nombre de jours qui séparent les socialistes de l'élection présidentielle. Reste à savoir si au soir du scrutin tant attendu, les socialistes entonneront le chant de la victoire ou le *Chant des partisans* à l'assaut de Solferino, que certains camarades provinciaux appellent d'ores et déjà « la forteresse », jugeant le Parti complètement féodalisé !

L'ADN du parti contient une incroyable propension à la guerre des chefs. Comme l'avait d'ailleurs dit Laurent Fabius : « Nous sommes capables de transformer une victoire annoncée en débâcle au gré de bisbilles internes, d'alliances avortées ou d'un projet mal préparé. »

Cette lucidité est à la fois celle d'un homme qui a vu les victoires promises tomber les unes après les autres, en 2002, en 2007... Et celle d'un combattant qui a su éviter la débâcle annoncée aux socialistes en 1986.

Au lendemain de la mésaventure de New York, tout le monde avait promis l'unité des socialistes. Arnaud Montebourg avait même laissé entrevoir qu'il pourrait renoncer à sa candidature ! Un moment d'égarement sans doute pour celui qui en réalité exècre toute la direction du Parti.

Quinze jours plus tard, tout est redevenu normal. Cette convention n'échappera pas aux précédentes, celle d'une chronique des rancœurs ordinaires... Dans ces conditions, « cette convention ressemblait un peu à un congrès d'investiture de Martine Aubry et je n'aime pas ça », grogne un proche de DSK.

Les camarades offrent en effet à la sortie un spectacle laissant deviner des lendemains qui risquent fort de déchanter : Ségolène Royal qui monte dans sa voiture sous les hourrahs de ses supporters ; Martine Aubry qui a su créer un attroupement militant autour d'elle ; François Hollande ne reculant devant aucune photo, aucune poignée de mains ou bises… Depuis le temps qu'il éprouve les recettes chiraquiennes, il espère que la moisson sera cette fois-ci la bonne !

« Chacun montre ses muscles », glisse un brin goguenard un ancien attaché parlementaire de Laurent Fabius. « Un homme, un projet, une nation, mais Hollande, c'est quand même pas de Gaulle. »

Ça promet pour la suite. Tout avait pourtant été minutieusement préparé pour la reconquête du pouvoir. Et pour éviter le pire, les querelles intestines… Et voilà que le mois de juin nous promettait désormais une bataille dont les socialistes ont depuis toujours le secret.

3.

EAU DE JUIN, RUINE LE MOULIN

Pour une fois, la météo de Solferino est conforme à celle de la France : orageuse. Depuis que la succession est ouverte avec le retrait forcé de DSK, le conflit qui oppose Martine Aubry et François Hollande est d'autant plus violent qu'il va s'agir pour eux de récupérer les orphelins de DSK.

Les orphelins de DSK

Pour l'instant, ils sont très occupés à se déchirer, partagés entre la loyauté qui voudrait les voir soutenir Martine Aubry et leur proximité de pensée avec François Hollande.

La candidature de DSK avait pacifié les rancœurs de la génération perdue du PS. Manuel

Valls était prêt à cesser de jouer les matadors sécuritaires pour le soutenir ; Vincent Peillon avait définitivement abandonné son courant ; et Pierre Moscovici avait pour sa part décidé de subordonner son destin au sien. Mais Dominique était désormais à terre, loin de la rue de Solferino... Devenus orphelins, ils devaient réapprendre à vivre.

« Je me demande si je ne vais pas renoncer à la vie politique. C'est la deuxième fois que je prépare une campagne pour rien. Il y avait eu Jack Lang à Paris qui se préparait à être candidat contre Bertrand Delanoë avant de jeter l'éponge. Maintenant c'est DSK. Chaque fois, on se mobilise, on s'investit finalement pour rien... Je n'ai plus le goût », dit François Kalfon. Les mots de ce strausskahnien historique témoignent du malaise des ouailles. Innocent ou coupable, l'ex-favori des sondages restera comme un fantasme, celui d'une victoire assurée de la gauche en 2012.

Désormais, c'est le retour à la réalité pour ses partisans, avec, en guise d'amuse-bouche, un choix improbable : soutenir Martine Aubry, François Hollande ou présenter un candidat à eux ?

Jean-Christophe Cambadélis a décidé de mettre les petits plats dans les grands. Il a invité tous les supporters de DSK à se rallier à Martine lors d'un dîner regroupant les cadres du parti... Comme le confie ce militant un peu aigri : « Le vin était bon… Pour le reste, je ne vais pas jouer la défaite, mais je vais la soutenir de loin, elle est à elle seule une assurance défaite… Personne ne l'écoute quand elle parle. »

« Camba » comme on le surnomme, a été le premier à jouer l'après-DSK avec une facilité déconcertante. Dans les couloirs, on a très vite murmuré qu'il s'était « vendu à Martine ». En réalité, confesse cet intime de DSK, « il n'avait pas grand-chose à vendre, puisqu'il n'était pas aussi proche qu'il voulait bien le dire de Dominique. Et puis, il n'a même pas respecté un délai de décence minimal ». En effet, après avoir annoncé à son de trompe le rassemblement de tous les strauss-kahniens, demi-tour gauche. Le 20 juin, Camba-délis se met en scène dans une conférence de presse où il déclare soutenir Martine Aubry, la dame du « Faire ». Qui n'est en rien un plan B, mais « un plan double A », respectant scrupuleusement le fameux pacte de Marrakech. En tout cas, il entend peser et laisser croire qu'il incarne le courant des fidèles de DSK. La vérité oblige pourtant à dire qu'il a plutôt agi seul…

Mais, pour les plus fidèles à DSK, c'est dur.

« Si c'est François Hollande, je suis mort », avoue François Kalfon. Avant d'ajouter : « Je vais soutenir Martine. Je ne connais que trop les limites de la bonne femme, mais je n'ai pas d'autres solutions. Pourtant, cette proximité avec Fabius ne me plaît guère… Je ne joue pas la défaite, mais je n'y crois plus ! »

En ce début juin, les orphelins de la strauss-kahnie sont encore un peu K.-O. debout, et lassés d'attentions répétées et pleines de commisération. Ils avancent en ordre dispersé. La valse des ralliements a commencé, et la plupart laisseront d'abord parler leurs ressentiments… « Il y a quelque chose qui va conduire chacun d'entre nous à s'engager à un moment ou à un autre, dit l'un d'eux, c'est la colère qui monte peu à peu contre Dominique. On lui a donné plus de dix ans de notre vie et il a tout ruiné en un week-end. »

Jean-Marie Le Guen est en conflit ouvert avec Martine Aubry depuis très longtemps et entretient des rapports historiquement difficiles avec François Hollande. Il s'en ira donc soutenir Ségolène Royal sans le dire vraiment, mais en précisant qu'elle sera l'arbitre de cette élection ! « Quand je pense qu'il passe du patron du FMI à la Ségolène, c'est bien la preuve qu'il n'a aucun jugement sur la capacité des uns et des autres… », persifle un proche de DSK rallié à Martine Aubry.

Pierre Moscovici ne peut se résoudre quant à lui à jouer les témoins obligés d'une gauche qu'il regarde parfois avec sévérité, et qu'il juge surtout peu compatible avec ses grandes ambitions. Alors, il « avance vers une candidature », dit-il, en restant prudent, tant ses échecs passés continuent de le hanter. En 2008, le député du Doubs avait cherché à s'émanciper en annonçant qu'il briguait le poste de Premier secrétaire du PS. La tentative avait viré au fiasco, puisqu'il avait fini par rejoindre l'équipe de Bertrand Delanoë et de François Hollande.

Puis, en juin 2010, il avait cherché des fonds pour pouvoir se lancer dans la course au cas où DSK ne se présenterait pas… Mais hélas, son ambition s'était heurtée à une cruelle réalité : personne n'entendait miser un kopeck sur sa personne… Les proches du patron du FMI avouaient ne pas être au courant de ses tentatives pour trouver de l'argent. De son côté, Pierre Moscovici n'était pas tendre envers la galaxie Euro RSCG, regroupée autour de Stéphane Fouks, tout entière au service de la candidature de DSK. Pis, il n'est pas certain qu'ils jouent tous la victoire. « Il est si précieux d'avoir pour client le patron du FMI… Enfin, je ne dis pas cela pour Gilles, qui est un vrai intellectuel », s'empresse-t-il d'ajouter. Mais, aujourd'hui, il remet son ambition sur la table.

Génération défaites

Bien avant la chute de DSK, les tenants de la génération sacrifiée s'étaient retrouvés pour une conspiration nocturne. C'était au temps où la victoire avec l'homme de Washington semblait acquise…

Paris, début décembre 2010.

Vincent Peillon a invité ses camarades à dîner pour réunir ce qui reste de cette génération, et peut-être trouver une alliance…

En ce soir de décembre, les quinquas réunis autour de la table ont tous hâte d'en découdre avec les éléphants : Vincent Peillon, Pierre Moscovici, Manuel Valls. Rassemblés dans cet appartement derrière le Panthéon, où le chef d'une gauche victorieuse était entré jadis une rose à la main… Tout cela est bien loin ! Il en manque un, toutefois : Arnaud Montebourg. Mais cela n'a rien d'étonnant, puisque ce dîner se voudrait aussi une machine de guerre contre lui. La rumeur court en effet dans les couloirs du paquebot socialiste qu'il entend se présenter contre Dominique Strauss-Kahn. Il s'en va répétant à tout un chacun que cela doit rester discret. Résultat, cette candidature a tout d'un secret de polichinelle. Arnaud aime tellement parler qu'il en dit trop, trop souvent…

Or, ce soir, il s'agit de ne pas laisser Montebourg préempter une partie de la gauche du PS. Il n'est guère pris au sérieux – « un simple candidat à la notoriété », persifle l'un des convives –, mais Pierre Moscovici redoute cette concurrence qui viendrait taquiner ses hautes ambitions pour 2017. Finalement, Arnaud persistera à être le candidat de la gauche du Parti, non plus seulement contre DSK mais plus sûrement pour lui-même puisqu'il ferraillera contre Martine et François… après leur avoir imposé ses primaires !

Car l'histoire au PS a décidé de bégayer. Aux querelles intestines des éléphants a succédé le temps des batailles fratricides entre quinquas. Cette génération a bien cherché à se démarquer au lendemain de l'échec de 2002 en lançant le NPS, le Nouveau Parti socialiste. Ils voulaient tous ensemble changer le Parti… En réalité, c'est le parti qui les a changés. Comme leurs aînés, ils se sont battus sur fond de rivalités personnelles, comme leurs aînés, ils ont obéi à une logique de conquête de postes avec son lot de trahisons. Vincent Peillon n'adresse plus la parole à Arnaud, lequel rallie François Hollande qu'il méprise !

Les ego ont eu raison très vite de ce renouveau, comme chez les éléphants. Les quadras de l'époque n'ont pas su faire l'union, ce dont ils conçoivent une certaine aigreur, et leurs affrontements laissent deviner le pire et le plus classique des scénarios : tous unis pour la défaite. Cette éventualité, nos convives n'en veulent pas non plus. Ils rêvent tous d'un ministère, de responsabilités nouvelles, et ces élections constituent un peu leur dernière chance. Manuel Valls espère le ministère de l'Intérieur, Pierre Moscovici se verrait bien au quai d'Orsay ou à Bercy… De tous, il est seul à avoir été ministre, mais cela remonte à quinze ans déjà. Il faisait alors figure de bébé Jospin… Ce temps apparaît désormais bien lointain. Un temps où la gauche s'imaginait capable de gouverner longtemps avec sa « *dream team* »… C'était bien avant le 21 avril 2002, bien avant le débauchage opéré par Nicolas Sarkozy, bien avant Ségolène Royal.

Aujourd'hui, les illusions d'une Europe rose se sont évanouies, et nos jeunes quinquas du PS ont le blues : Martine Aubry a beau jouer l'Union, ils se sentent les spectateurs obligés d'un affrontement entre éléphants, leurs aînés… En bref, ils ne sont plus très jeunes mais toujours ambitieux, et ils découvrent avec amertume qu'ils n'existent pas ou très peu.

Car si les éléphants roses ont goûté aux délices du pouvoir au point de constituer une génération Mitterrand, pour Mosco comme pour ses camarades de table, c'est plutôt Génération Défaites. Ils craignent d'être les grands perdants de la prochaine présidentielle. Ils sont déjà plus âgés que nombre de dirigeants de grandes démocraties. Mais, en France, ils sont priés de patienter encore derrière les vastes masses de leurs aînés. Comme le disait Jean-Christophe Vincent, « Au PS, à quarante ans t'attends ; à cinquante ans tu désespères ; à 60 ans, tu as tes chances ! »

Pierre Moscovici est le plus capé, mais c'est aussi le plus pessimiste… Dandy, esthète, il se rêve en guerrier intrépide. Mais sa distinction, son arrogance laissent souvent une trop grande place au doute, et en politique, le doute n'est pas permis. Il s'était rêvé Premier secrétaire avant le congrès de Reims en portant la fronde des jeunes contre les éléphants, avant sa Berezina personnelle de l'université d'été de La Rochelle. Quand, assis solitaire à sa terrasse de café, il avait assisté à la trahison de ses camarades, Arnaud Montebourg en tête, passant devant lui un à un pour rejoindre le dîner de Martine… Ce soir, rien à craindre, il entretient une grande relation de confiance avec Vincent. Relation réciproque et ancienne, puisqu'il était le témoin de son mariage !

Après avoir ensemble dévissé la candidature d'Arnaud Montebourg, les trois convives évoquent la rentrée en campagne de Ségolène Royal. Voici quelques jours, la madone du Poitou a annoncé son intention de se présenter aux primaires. Et comme elle n'a peur de rien, elle a proposé sur France Inter à Dominique Strauss-Kahn de devenir son Premier ministre en cas de victoire. Passer de la présidence du FMI à collaborateur de Ségolène, voilà un vrai destin ! Ils ne peuvent encore se douter qu'il en aura un autre, bien pire, que la mort politique viendra d'ailleurs…

Les vocalises de l'union entonnées par Martine Aubry ont été oubliées. En se déclarant candidate, Ségolène a pris tout le monde de court. Autour de la table, Manuel Valls et Vincent Peillon ont été parmi ses proches. Le député maire d'Évry était encore il y a peu son lieutenant le plus zélé. C'est avec elle qu'il avait ferraillé contre Martine Aubry, hurlé à la fraude au lendemain du congrès de Reims. Ils s'étaient plu… Aujourd'hui, ils se déplaisent. Tous les convives sont au moins d'accord pour penser que la candidature de Ségolène plombe surtout celle de M. Ex, François Hollande. Et cela ne chagrine pas grand monde en réalité… C'est encore une fois ce ball-trap socialiste où le futur vainqueur sera d'abord celui qui aura su éviter de se faire canarder par ses propres camarades.

Une fois Ségolène expédiée, les convives reprennent volontiers un peu de vin pour passer à la suite : habiller la Première secrétaire pour l'hiver. « Avec Martine Aubry, la rue de Solferino constituerait une enclave, avec une équipe dirigeante misant sur le collectif pour mieux dissimuler ses ambitions personnelles. Elle se drape dans un rôle de femme loyale… En réalité, c'est d'abord une manipulatrice qui met en avant un prétendu désintérêt pour les combinaisons politiques pour avancer ses pions avec une ténacité hors du commun… Une menteuse impénitente. Elle fait croire qu'elle a remis le Parti au travail, il n'en est rien… Elle dit qu'elle reste unitaire mais elle prend ses décisions seule avec Laurent Fabius ! »

Vincent Peillon voulait un dîner où l'on tente de contrer l'initiative d'Arnaud Montebourg, et voilà que les flèches volent en tous sens, y compris contre la patronne du PS. Agapes mortelles !

C'est déjà au tour de Hollande de se faire tailler un costume, et c'est Moscovici qui s'y colle : « Se dire qu'il est resté aussi longtemps avec une telle cinglée, je m'interroge… C'est sans doute un homme exceptionnel et, le plus étonnant, c'est que cela nous a échappé. » Avant d'ajouter que jamais il ne soutiendra François Hollande : « Tu comprends, il a trois ans de plus que moi et si on en fait notre candidat, il nous barre la route pour dix ans… Non merci. » Vincent Peillon tempère ces propos en estimant que Hollande est le leader évident de leur génération, mais que personne n'en veut. La cause ? Le bilan que l'on peut dresser de son passage à la tête du PS. Il estime pour sa part qu'il a mis le Parti au bord de la sécession car il est aussi compétent et faible que Louis XVI ! Tout le monde rit à cette évocation. Moscovici rappelle qu'Arnaud Montebourg, apprenant cette comparaison, s'était écrié : « Si François Hollande, c'est Louis XVI, alors il a manqué une guillotine ! »

Autour de la table, chacun concède toutefois que la qualité de ses liens avec les médias constitue un atout majeur dans la course aux primaires pour le député de la Corrèze. Dans les couloirs de la rue de Solferino, on a toujours laissé entendre que François était l'une des meilleures gorges profondes du *Canard enchaîné*… C'est lui du coup qui apparaît comme le mieux préparé. DSK est contraint à un devoir de réserve, et Martine Aubry est tempétueuse avec les journalistes. En outre, Hollande est aussi celui qui a su s'attirer les bonnes grâces de la plupart des élus importants du PS.

Manuel Valls embraye à présent sur la guerre des générations. Il reproche à Martine Aubry de ne pas avoir ouvert le parti aux quadras… Pis, elle a choisi de les ignorer en répétant qu'aucun d'eux ne s'imposait. Elle préfère les plus jeunes, s'appuyant sur des cadres comme Benoît Hamon ou Bruno Julliard, à qui elle a même confié la question stratégique de l'Éducation nationale.

Et c'est vrai que Martine Aubry n'est pas avare de critiques lorsqu'elle parle de Manuel Valls ou d'Arnaud Montebourg… Pour elle, aucun de ces jeunes ambitieux n'a les moyens de ses prétentions.

Sur cette question d'âge au sein du PS, le camarade Mosco est intarissable. À ses yeux, « la génération Mitterrand a été particulièrement gâtée par la vie. Beaucoup d'entre eux avaient intégré dès leur sortie de l'ENA les cabinets ministériels ou présidentiels en 1981 ».

François Hollande et Ségolène Royal étaient effectivement à l'Élysée, Martine Aubry auprès de Jean Auroux au ministère du Travail. Lorsque François Mitterrand est réélu en 1988, Dominique Strauss-Kahn, Martine Aubry, Ségolène Royal sont ministres. « Depuis, tous appliquent une sorte de préférence générationnelle, même s'ils ne sont pas toujours d'accord entre eux », conclut Moscovici. Manuel Valls opine du chef avant d'entonner à son tour un couplet critique sur la génération des éléphants. « Elle veut d'abord garder le pouvoir pour elle-même. François Mitterrand leur avait tendu la main. Ils avaient trente ans en 1981 et ils ont intégré tous les cabinets ministériels. Lorsqu'ils ont eu le pouvoir, ils sont restés entre eux et n'ont jamais cherché la compagnie de cadres plus jeunes », conclut-il.

Les opposants à la direction du Parti se sont depuis emparés de la question des générations, comme si elle était fatalement synonyme de modernité. Et là-dessus, autour de la table, tout le monde est d'accord avec Pierre Moscovici. « Il faudrait une offre qui soit juste générationnelle pour incarner une autre façon de voir la société », conclut celui-ci, avant de se prendre à rêver d'une démocratie parlementaire. Dans ce cas, dit-il, « Manuel ne serait pas considéré comme un pestiféré, Montebourg comme un original, François Hollande comme un adversaire – ou moi, ajoute-t-il en toute modestie, comme quelqu'un qui a du talent mais que l'on doit juguler à tout prix »…

Pour chacun d'eux, l'accord entre Aubry et DSK est en réalité un accord dissuasif pour verrouiller la porte de la direction du PS. « Tout en se détestant, les autres sont ensemble pour se dire que c'est l'un d'entre eux qui doit être le candidat. Ils se combattront peut-être, mais leur seul point commun, c'est le désir de barrer la route aux petits jeunes de cinquante ans ! Ce n'est manifestement pas le tour de la génération qui vient. »

Aujourd'hui, après l'explosion de DSK, il ne reste de cette réunion que des orphelins à l'ambition intacte, une ambition qui perçait déjà dans ces agapes prophétiques ! La logique politique voudrait que Pierre Moscovici, si proche de DSK, soit fidèle aux choix de son mentor… C'est-à-dire qu'il se rallie à Martine Aubry, au nom du fameux pacte de non-agression qu'avaient conclu le patron du FMI et la patronne du Parti… Mais si Mosco voulait bien soutenir DSK, il n'est pas prêt à faire de même pour Martine Aubry. En effet, il n'a pas oublié qu'elle avait beaucoup manœuvré avant le congrès de Reims pour lui barrer la route de la tête du PS. « Les choses sont difficiles pour Pierre, commente Vincent Peillon, non sans cruauté. Il est un peu à la croisée des chemins. En réalité, il faut qu'il comprenne qu'il n'existe pas ou trop peu dans l'opinion. Et à la veille des primaires, cela fait de lui un homme seul. Manuel Valls incarne pour tout le monde une gauche sécuritaire, mais on ne peut pas associer Pierre à quelque chose de précis… S'il y va, c'est pour s'imposer, avec le risque de disparaître en cas de mauvais score. »

Pierre Moscovici hésitera beaucoup. Pendant tout ce mois de juin, il consultera ses camarades avant de se rallier à François Hollande… avec Vincent Peillon.

Pourtant, ce ralliement n'était pas inscrit dans le marbre… Peillon avait d'abord pris ses distances face à ce combat interne : « Valls, Montebourg, Hollande, Aubry… On ne se croit plus à des primaires, mais à un avant-congrès… Je ne vais pas participer à ce combat destructeur pour le Parti, où notre génération a encore des coups à prendre en jouant les lieutenants… Je vais voter, mais je ne vais pas soutenir un candidat plutôt qu'un autre… »

Réalité de début de mois ne vaut plus à la fin du mois !

Courant juin, dans ce parti dévasté par l'affaire new-yorkaise, Manuel Valls a lui aussi décidé de se lancer, ou plutôt de se relancer… Il se sait mal aimé et se complaît dans ce rôle d'enfant terrible. Il a décidé d'en jouer jusqu'à la caricature. Comme le rappelle avec malice et une parfaite bonté cet ancien Premier ministre : « Manuel est un garçon intelligent, mais les journalistes en ont fait un poids lourd du Parti alors qu'il ne pèse rien. » Il le qualifie même de « bodybuildé » en s'empressant d'ajouter que les liens tissés avec Stéphane Fouks, le puissant patron d'Havas Euro RSCG, lorsqu'ils étaient proches de Michel Rocard dans leur jeunesse ne sont sans doute pas étrangers à cette médiatisation un peu excessive…

Pour l'heure, la situation de Manuel Valls est très difficile. Il ne peut pas soutenir Martine Aubry avec qui il a eu tout au long de l'été 2010 quelques échanges épistolaires violents, qui peuvent se résumer ainsi :

« Le Parti, tu l'aimes ou tu le quittes. »

« J'y suis, j'y reste ! »

Il reprochait alors à la patronne sa « vision dépassée du Parti ». Mais il ne veut pas davantage s'allier à François Hollande…

Pourtant, sa candidature n'inquiète pas vraiment. Dans l'entourage de Martine Aubry, on n'hésite pas à dire qu'« il reviendra au bercail en renonçant comme il l'a toujours fait. Il est juste avide de reconnaissance, mais comme il reste légitimiste, il se retirera comme il s'était rallié au *oui* après avoir plaidé le *non* lors du référendum européen. Grande gueule, mais même pas peur ! » glisse ce proche de la Première secrétaire.

« Elle va y aller »

Ce 4 juin, dans le train qui conduit la Première secrétaire à Metz en compagnie de Bertrand Delanoë, on a pris soin d'éloigner le plus possible les journalistes pour éviter toute question importune… Martine ira, glisse-t-on dans son entourage, mais pas avant le 28 juin. En attendant, le silence est d'or.

« Bulldozer »… « Char d'assaut »… « Chef de guerre »… Les adjectifs se suivent et se ressemblent. Au lendemain de son intronisation comme candidate, ses plus fidèles lieutenants ont foncé se répandre auprès des journalistes. Ils jurent que « le jour où Martine déclarera sa candidature, elle deviendra un général d'armée », complètement « engagée dans la bataille » et « capable de rendre coup pour coup ». « C'est sûr, on peut lui faire confiance pour être méchante », s'étrangle ce tout proche collaborateur de François Hollande.

Mais il s'agit avant tout de montrer qu'elle n'est pas une candidate par défaut, qu'elle avait toujours songé à y aller… Bref, qu'elle n'est pas là pour remplacer DSK, retenu dans sa prison dorée de Manhattan.

Pourtant, en dépit des propos récrivant l'histoire, elle est bel et bien la rescapée du pacte de Marrakech. « À la veille du Congrès de Reims, elle était obsédée par l'idée d'empêcher Ségolène de prendre le Parti. Désormais, débarrassée de DSK, c'est la possibilité que François Hollande représente le PS à l'élection présidentielle de 2012 qui culmine sur l'échelle de l'insupportable », analyse finement ce député dépité de la mésaventure de son camarade américain.

Car chez Martine Aubry, qui se retrouvera face à Hollande, ce mois de juin est d'abord l'occasion de réactiver une haine cordiale, qui va s'exprimer d'une façon de plus en plus limpide à mesure que l'on se rapproche du 28 juin.

Jumeaux fratricides

En effet, la Première secrétaire méprise François et cette détestation est bien plus forte que celle qui aurait pu naître du combat politique : elle est personnelle, strictement personnelle.

Martine Aubry et François Hollande sont issus de la même veine socialiste, même si elle penche davantage pour la transformation sociale, et lui pour le réformisme classique. Mais surtout, ils ont cette particularité unique de partager le même père politique, Jacques Delors. Père biologique pour

Martine Aubry, spirituel pour François Hollande, qui fut l'animateur des clubs Témoin dans les années 1990.

« C'est le meilleur de sa génération, avec François Bayrou », aurait même dit de lui l'ancien président de la Commission européenne. De quoi trouver le cher François quelque peu encombrant… !

Dès les clubs deloristes, Martine Aubry marque la distance avec François Hollande. « Elle a considéré qu'il y avait détournement de père », note un proche. En 1994, sa famille déconseille à Jacques Delors de se porter candidat à la présidentielle ; François Hollande est convaincu qu'il faut foncer. À l'inverse, lorsqu'il devient Premier secrétaire du PS en 1997, il ne consulte pas son mentor autant que ce dernier le voudrait. « Il est assez utilitariste, il faisait appel à lui au moment des élections », indique un dirigeant PS.

En réalité, le « détournement de père » est tout autre. En 1982, Jean-Paul Delors, frère cadet de Martine, meurt dans la maison familiale de Bourgogne après trois ans de lutte contre une leucémie. Martine admirait ce jeune journaliste… Elle aimait son appétence pour la politique, son goût pour l'aventure… Il brillait…

En plein désarroi familial, chacun cherche à se reconstruire. La gauche vient d'arriver au pouvoir. Ministre de l'économie de François Mitterrand, Jacques Delors se réfugie dans le travail. C'est à cette époque qu'il remarque un jeune magistrat à la Cour des comptes, François Hollande, à qui il ouvre les portes de l'Élysée en 1981. Avec le soutien de François Mitterrand, le jeune énarque qui n'a pas trente ans devient conseiller de Jacques Attali. Un coup de pouce qui façonnera le destin de François, un coup de pouce qu'il n'a pas donné à sa fille Martine, qui n'est alors qu'une conseillère de Jean Auroux, ministre du Travail.

Aujourd'hui encore, la mort de ce frère et la trop grande place prise par François Hollande restent un tabou. Lorsque à la télévision le pourtant gentil Michel Drucker évoquera cette blessure intime… Martine exigera que la séquence soit coupée.

Martine Aubry s'est toujours considérée comme l'unique héritière du courant politique incarnée par son père. Martine, « fille a papa » qui n'a pas supporté qu'un inconnu se soit glissé dans ce qui aurait dû rester une affaire de famille.

Plus tard, « tout en dissertant sur l'unité retrouvée des socialistes, elle fera tout pour empêcher son prédécesseur à la tête du Parti d'arriver à ses fins », juge froidement un très proche de la Première secrétaire. Et puis, comme toujours au sein de la famille socialiste, les contentieux s'ajoutent aux contentieux dans un mille-feuille de haine recuite.

Ainsi, Martine Aubry est convaincue que François Hollande a tenté de torpiller sa carrière.

L'histoire remonte à 2006. En vue des législatives prévues l'année suivante, la maire de Lille fait connaître au Premier secrétaire Hollande son souhait de s'implanter dans la deuxième circonscription du Nord, plutôt que dans la cinquième, qui ne comprend aucun quartier lillois, et où elle a subi une défaite en 2002.

Cela tombe bien : Bernard Derosier, député de la deuxième circonscription depuis 1978, laisse entendre depuis des mois qu'il pourrait raccrocher. La rescapée comprend que François l'aidera. « Sauf que quand Derosier se laisse finalement tenter par un huitième mandat, ni Bruno Le Roux ni François Hollande n'ont exercé la moindre pression pour qu'il cède la place à Martine Aubry », raconte Gilles Pargneaux, le Premier secrétaire de la fédération socialiste du Nord. « Je n'ai eu aucun contact avec Solferino », confirme Derosier. Par son silence, Aubry estime que Hollande l'a condamnée à une certaine marginalisation. Elle opère alors son repli sur le beffroi.

Quand elle lui succède, elle fustige l'état dans lequel se trouve le Parti et le degré de délabrement de Solferino. Plus un seul dossier dans les placards et des toilettes bouchées, qu'elle prétend avoir dû réparer elle-même.

« Elle y va »

Martine Aubry savoure tous les ralliements de ces proches de DSK avant qu'elle ne décide d'annoncer sa candidature. Une semaine avant cette annonce, elle avait pris soin de faire un peu de shopping pour essayer tailleur et chemisier… Elle sollicitait rencontres et discussions avec des observateurs de la vie politique.

Depuis longtemps, elle discutait volontiers de politique culturelle avec Olivier Poivre d'Arvor, directeur de France Culture. Elle lui avait même confié une mission… Elle avait également sollicité Alain Duhamel pour des conversations informelles où puiser quelques réserves avant de se lancer dans la bataille.

Ensuite, elle s'était isolée tout le week-end pour rédiger avec le sociologue Michel Wieviorka son discours de candidature.

Elle se bat désormais pour donner l'impression d'être une candidate pleine et entière, et non pas une candidate de remplacement.

« C'est vrai que c'est difficile de croire qu'elle en avait vraiment envie. Elle s'est montrée tellement soulagée lorsqu'elle a su que Dominique y allait… Et puis, elle répétait qu'elle aimerait le ministère de la Culture… On est loin de la fonction présidentielle », glisse ce député pourtant proche de la Première secrétaire.

Martine a donc choisi une certaine solennité pour se déclarer, manière de faire oublier une candidature un peu contrainte. Mais le chemin pour elle est décidément semé d'embûches. En cette fin juin, elle vient tout juste de se déclarer candidate qu'un souffle nouveau vient de New York.

« Et s'il revenait… »

Martine Aubry peine à installer sa candidature tant l'ombre de DSK reste présente. Lorsque le 28 juin, elle passe avec succès son brevet de candidate à la présidentielle, elle imagine que cela constituera le point de départ du combat contre François Hollande.

Comme le député de la Corrèze, Martine Aubry répète fréquemment qu'il faut très vite qu'un des deux poids lourds de la primaire se détache…

Les nombreux ralliements ayant précédé l'annonce de sa candidature ont constitué une première étape.

Désormais, Martine est devenue une candidate… Pourtant, cette mécanique bien huilée par son principal conseiller François Lamy va connaître ses premières difficultés.

Le 30 juin, aux États-Unis, la presse et le procureur qui avaient cloué DSK au pilori découvrent que le profil idéal et irréprochable de la victime est incertain.

Elle est soupçonnée d'avoir menti, et surtout de se livrer à du chantage contre l'ancien patron du FMI.

Le procureur décide alors en urgence de lever l'assignation à résidence de DSK. Aussitôt, les amis de Dominique se prennent à rêver d'un retour, d'un possible non-lieu. C'est tout juste s'ils ne se précipitent pas à Roissy avec des rubans et des bouquets.

Soudain, on ne parle plus de Martine Aubry, mais exclusivement de DSK, qui reste quand même le meilleur feuilleton annoncé de l'été. En privé, l'entourage de la Première secrétaire fustige des journalistes jugés trop à l'écoute du candidat déchu.

Malgré tout, ce vent de panique passe assez vite : si l'on ôte son bracelet électronique à DSK, son passeport reste confisqué. Et l'on va vite s'apercevoir que le champion risque de prolonger un peu son séjour sur le territoire américain.

Fin juin, il y a donc bien deux candidats importants prêts à l'affrontement. Même si l'ombre de DSK n'a pas fini de planer sur les primaires…

4.

QUI VEUT BON NAVET, LE SÈME EN JUILLET

« C'est baroque le PS aujourd'hui. »

Pierre Moscovici ne cache pas sa lassitude. De son côté, Manuel Valls évoque un « torrent de merde » lorsqu'il parle des informations et faits divers qui fleurissent en première page des journaux dans le sillage de l'affaire DSK.

Tristane comme Triste Anne…

En ce début juillet, la plainte d'une jeune journaliste contre DSK pour tentative de viol hypothèque définitivement les possibilités de l'ancien patron du FMI de peser sur le débat public.

Si cette plainte de Tristane Banon a peu de chances d'aboutir, elle nuit néanmoins fortement à l'ancien patron du FMI. Dans ces conditions, la thèse d'une conspiration reprend force et vigueur...

Tristane Banon, ce nom est sur toutes les lèvres depuis fort longtemps déjà au Parti socialiste. Son histoire, elle se chuchote... Personne n'ose y croire, mais personne n'est vraiment surpris des accusations qui sont alors portées contre le camarade Strauss-Kahn. « Dominique a toujours été un libertin », confesse Élisabeth Guiguou.

L'histoire et la vie de la jeune plaignante pourraient se confondre avec celle du PS. Tristane Banon est née deux ans avant l'arrivée au pouvoir de François Mitterrand. Elle est la fille d'un homme d'affaires naguère proche de Georges Pompidou. Sa demi-sœur est l'épouse de Pierre Lellouche, proche de Jacques Chirac puis de Nicolas Sarkozy.

Une petite fille née dans les beaux quartiers, à l'heure de la bourgeoisie rose triomphante... Mais si sa mère est socialiste, son père lui ne l'est pas. Ses camarades de lycée et d'adolescence sont les rejetons de DSK ou de Guy Bedos : une jeunesse dorée. Mais le côté brillant de la médaille a un revers...

Sa mère, députée socialiste, ne s'occupe guère d'elle et la confie à une nourrice qui la bat. Cet itinéraire d'une pauvre petite fille riche poussera Jean Veil, l'avocat de DSK, à réduire sa plainte à une querelle mère-fille : « Sa mère s'appelle Anne, elle a été délaissée par sa mère et s'est donné ce prénom de Tristane (Triste Anne) ». Cette enfance, elle en fera un premier livre remarqué : *J'ai oublié de la tuer*. Un peu plus tôt, elle avait rédigé un livre-enquête sur les erreurs de parcours de plusieurs personnalités et, pour cela, elle avait rencontré DSK...

Après un premier rendez-vous, il la reçoit dans ce qui ressemblerait à une garçonnière, selon ses propos... Au cours de cet entretien, il aurait voulu abuser d'elle... Une tentative de viol. On peut certes s'étonner du délai entre la date des faits supposés – le 10 février 2003, et la plainte de Tristane Banon – le 1er juillet 2011 ! Mais il y a au moins deux certitudes dans ce dossier.

D'abord, l'ancien ministre de l'Économie de Lionel Jospin avait très vite compris que cet incident révélait sa part d'ombre, et qu'une telle rumeur était désastreuse. En 2006, Tristane Banon publie *Trapéziste*, où elle raconte sa supposée mésaventure avec DSK. Très vite, le livre est introuvable et Ramzy Khiroun, qui prépare activement la campagne interne au PS de DSK, se pavane en laissant à l'arrière de son véhicule un exemplaire du livre – pour « narguer les journalistes », dit-il.

« Cette histoire de Tristane Banon, c'est un peu la face sombre de DSK et nul ne pouvait en réalité l'ignorer... Dans ce cas-là, on a envie de poser la question sur le rôle des entourages… Et à ce petit jeu, Ramzy Khiroun n'est certainement pas François de Grossouvre. »

Jean-Pierre Mignard, avocat et observateur indépendant des mœurs socialistes, est catégorique : « Tout le monde connaissait cette histoire et le comportement de DSK avec les femmes. » D'ailleurs, son entourage craignait déjà, bien avant l'épisode crépusculaire de la suite 2806, que cette affaire ne ressorte au moment où il entrerait en campagne.

Les sorciers d'Euro RSCG avaient imaginé une contre-attaque pour parer à toute publicité intempestive de ce fait divers. La biographie autorisée de Michel Taubman devait être le premier étage d'une stratégie visant à protéger DSK. Au mois d'avril, celui-ci avait pris soin de déjeuner avec la plupart des patrons de presse de gauche, de *Libération* à *Marianne*, sans oublier le *Nouvel Obs*… À certains d'entre eux, il avait fait savoir qu'il n'ignorait pas les rumeurs qui circulaient à son endroit : « Le premier viol, ce sera pour moi », disait-il aux journalistes de *Libé*…

Chacun son pourri (des royaumes pourris)

François et Martine ont chacun leurs alliés encombrants. Parce que le parti oblige à s'accommoder parfois d'un compagnonnage douteux pour rallier des suffrages ou s'assurer du soutien de certaines fédérations.

C'est autour de la Méditerranée que tout cela se passe. Martine a choisi la Canebière et la bouillabaisse marseillaise en se commettant avec le sieur Guérini. François, lui, a choisi d'appuyer dans l'Hérault sur le parrain local, Robert Navarro. Celui-ci étant l'ancien homme lige de l'inoxydable patron de Montpellier, Georges Frêche, auquel ses folies architecturales ont valu le doux surnom de Ceauşescu.

Le début du mois de juillet voit le retour sur la scène d'une sale affaire qui devrait beaucoup peser dans les semaines à venir et être déterminante pour les primaires... Sans compter qu'elle risque de constituer un véritable « boulet » pour la présidentielle.

Il s'agit du verdict de la commission mise en place au mois de mars par Martine Aubry après qu'Arnaud Montebourg eut joué les incendiaires en dénonçant certaines pratiques mafieuses dans la fédération des Bouches-du-Rhône.

En ce mois de juillet, la commission va se conclure par un vote quasi unanime, à vingt-six voix sur vingt-sept, conseillant « des remaniements » dans la fédération. La vingt-septième voix étant celle d'Arnaud Montebourg, seul à voter contre... Le chevalier blanc restera bien isolé, temporairement du moins. Car ce vote va malgré tout signer le début de la fin d'un monde.

Comment en est-on arrivé là ? Petit retour en arrière.

En février 2010, Arnaud, à la demande de Martine, dans le cadre de la rénovation du Parti, est en route pour Marseille. Il part à la rencontre des élus et militants englués dans la bouillabaisse socialiste marseillaise.

Il faut dire qu'au Parti socialiste, la fédération des Bouches-du-Rhône est incontournable : avec celle du Nord, elle est indispensable pour conquérir le Parti… Martine Aubry a toujours gardé la haute main sur le Nord, tandis que les socialistes marseillais avaient longtemps privilégié Ségolène Royal, avec Patrick Mennucci en guise de rabatteur… Ce partage des rôles permet depuis belle lurette à ces deux fédérations de fonctionner à la marge du droit et du code imposé aux autres fédérations socialistes.

Mais ce que Martine ignore en ce début 2011, c'est qu'Arnaud est résolu à donner un réel coup de pied dans la fourmilière… En réalité, il abuse de son mandat, Martine l'ayant simplement chargé de « la rénovation »… Sans imaginer qu'il allait le transformer en opération mains propres ! C'est là une grave erreur de la secrétaire du Parti, qui n'a pas compris que Montebourg ne rêve que d'une chose : voir les éléphants tomber pour prendre le Parti.

Première halte du périple d'Arnaud en ce mois de février : Marseille. Plus exactement l'Estaque, petite bourgade populaire, ancien fief communiste et rendue célèbre par le film de Robert Guédiguian, *Marius et Jeannette*.

Les militants socialistes sont venus écouter le Parisien Montebourg qui va découvrir, dans sa grande naïveté, qu'en politique les nouvelles vont à la vitesse du mistral. Devant les camarades, il souligne la nécessité de mettre fin à certaines pratiques douteuses dans certaines fédérations, en se gardant toutefois de nommer directement Jean-Noël Guérini... Ses propos sont malgré tout entendus comme une véritable déclaration de guerre par le patron de la fédé des Bouches-du-Rhône.

Les murs ont des oreilles...

... Et Arnaud Montebourg va l'apprendre très vite. Il est minuit moins le quart et il vient juste de finir de serrer quelques mains militantes lorsque son portable sonne.

Au bout, Martine Aubry, qui le prie fermement de ne pas stigmatiser Jean-Noël Guérini et lui rappelle qu'il n'a pas mandat pour cela… Le ton est cassant, et la condamnation de son initiative contre Guérini sans appel. En clair, les téléphones ont marché, et quelqu'un a déjà trahi Arnaud.

Comprenant qu'il est désormais seul et sans appui, il décide alors d'endosser son costume de justicier. Une habitude qui a toujours fait rire les socialistes, depuis l'époque où il voulait traduire Jacques Chirac en Haute Cour. La modestie n'ayant jamais été sa qualité première, Arnaud décide de s'autocommander un rapport pointant du doigt toutes les dérives du système mis en place dans les Bouches-du-Rhône… Un système qu'il connaît d'autant mieux qu'il s'en était servi dans son soutien affiché à Ségolène Royal… Il n'ignore rien de l'importance du Far West marseillais dans la victoire de celle-ci aux primaires de 2006. À cette époque, il ne s'alarmait pas tant des manières de la famille Guérini. Autres temps, autres mœurs…

Cette fois, Arnaud Montebourg sait qu'il a un moyen de porter l'estocade contre la fratrie Guérini. Depuis le début de 2009, le procureur de la République croule sous les lettres anonymes, toutes porteuses d'informations précises et redoutables sur des malversations supposées au conseil général…

On pourrait écrire un roman sur les mœurs marseillaises. Alexandre Guérini, le frère du patron du PS, est au départ un simple ramasseur d'ordures. On le soupçonne d'être passé du nettoyage au blanchiment, grâce à ses liens avec la pègre locale… Mais surtout, il sait mélanger les genres. Lorsqu'en 2008 la gauche remporte la communauté urbaine de Marseille, c'est lui qui fera nommer le directeur de la propreté, Michel Karabadjakian… Une nomination qui promet de bien juteux profits, à l'évidence contre toute morale publique ! Ce directeur imposé par son client confiera aux enquêteurs qu'« Alexandre Guérini avait piloté son accession à ce poste pour obtenir des marchés publics et des informations relatives aux divers appels d'offres ».

Arnaud Montebourg écoute et note. Il évoque « des menaces physiques d'intimidation envers les élus qui résistent à ce système de pression féodal reposant sur l'intimidation et la peur ». Arnaud rédige son rapport et l'adresse à la direction du PS. François Lamy, directeur de cabinet de Martine Aubry, lui demande de ne pas poursuivre son travail. Arnaud fait le frondeur et poursuit son rapport…

Le mois de décembre 2010 voit une première fuite dans la presse. À partir de là s'engage une partie de poker menteur. Arnaud prétend avoir adressé en septembre 2010 le rapport à Martine Aubry tandis que la Première secrétaire, tenue de s'expliquer, affirme n'avoir rien eu. Arnaud aurait alors renvoyé sur le mail personnel de Martine une nouvelle copie de ce rapport au début de l'année 2011. Toujours rien reçu… Décidément, il y a des mails qui se perdent…

Cette intransigeance d'Arnaud coïncide avec sa décision de se porter candidat à la primaire… mais cela relève sans doute du hasard ! Martine est furieuse et n'adresse plus la parole à Montebourg. Un court moment, les choses en restent là.

La bombe éclate vraiment dans la presse le 3 mars 2011, à quelques jours des élections cantonales. Le rapport d'Arnaud est publié par *Le Point.fr.*, déclenchant un véritable tollé : « Pompier pyromane », gronde Pascale Boistard, secrétaire nationale chargée des adhésions. « En pleine campagne électorale, c'est invraisemblable. Les bras m'en tombent. Surtout que ça vienne de notre camp », s'exclame Christophe Borgel. « Montebourg balance une grenade sur le Parti à quinze jours des cantonales », estime un proche dans *Libération*.

Martine de son côté déclare : « Il n'y a rien dans ce rapport, pas un élément concret, pas un fait. » Et François Lamy en remet une petite couche : « Nous sommes là dans le déclamatoire. » Beaucoup estiment que les révélations faites par le brave Arnaud servent tout simplement à le relancer dans la course aux primaires…

Son ancien camarade du NPS, Vincent Peillon, est d'une grande sévérité : « En réalité, il a bien vu qu'il était seul, alors il a joué le chevalier blanc !

Mais sans panache… Il a trahi la confiance que l'on pouvait avoir en lui… D'ailleurs, Martine ne lui parle plus. » En bref, c'est la Saint-Arnaud tous les jours, au PS…

D'ailleurs, ce conflit entre Arnaud et Martine est la véritable clé du ralliement de ce dernier à François contre Martine. C'est que le sieur Montebourg a des inimitiés plus fortes que sa mémoire. Oubliée, l'époque où il disait : « François Hollande, l'éternel défaut du PS. »

Guérini, de son côté, fulmine. Il demande lui-même « une enquête approfondie » sur sa fédération, qui ne peut se résumer « à une rapide visite à Marseille, suivie d'une compilation de rumeurs, de ragots et d'insinuations ». La Saint-Arnaud continue…

Depuis qu'il a révélé la teneur de la bouillabaisse marseillaise, M. Arnaud reçoit les journalistes dans son bureau de l'Assemblée nationale et pérore. Il fait son beau et ment avec une assurance de vendeur de voitures. « Tout avait été prévu pour DSK. Cela fait plus d'un an que c'est entendu. Si vous n'avez pas compris cela, alors c'est que vous n'avez rien compris. Ce n'est pas moi qui ai fait parvenir les éléments sur Jean-Noël Guérini à la direction du *Point*. »

Il ajoute sans rire que cette fuite avait été organisée par les strauss-kahniens pour « empêcher Martine d'avoir des prétentions à la candidature » !

En clair, pour semer la zizanie et révéler les liens pourris des fédés.

Contrainte et forcée face au tollé, Martine Aubry nomme alors une commission qui doit entendre Arnaud Montebourg et Jean-Noël Guérini.

Le flibustier Montebourg croit alors pouvoir savourer une première victoire : les nombreuses pièces qu'il a versées au dossier pour étayer ses accusations ont bel et bien été prises en compte. Procès-verbaux, comptes-rendus d'audition… Pour rédiger son rapport, Arnaud s'était transformé en Bibi Fricotin du journalisme d'investigation. Si Martine Aubry avait refusé d'examiner ces documents au prétexte qu'ils avaient été volés et qu'il s'agissait d'une instruction en cours – ce qui n'était pas dénué de vérité –, la commission en revanche a jugé que ces documents sulfureux méritaient d'être examinés…

Le PS en réalité n'ignore rien des exploits de la famille Guérini, qui ne datent pas d'aujourd'hui. En abandonnant son poste de Premier secrétaire, François Hollande confessera n'avoir pas réussi à installer des mœurs correctes dans les Bouches-du-Rhône. Car depuis longtemps, la discipline socialiste s'est dissoute dans le pastis marseillais.

Il n'en allait pas autrement à l'époque des affrontements entre Gaston Defferre, l'ancien député-maire de Marseille, et Michel Pezet. Un combat âpre, fait de coups tordus, de rumeurs nauséabondes. L'ambiance entre les camarades était si délétère qu'à la mort de Gaston Defferre, Edmonde Charles-Roux, son épouse, fit savoir que le camarade Pezet n'était pas le bienvenu aux obsèques…

Guérini, venu ensuite, n'a fait que reprendre le fonds de commerce. Tout le Parti connaît ses comportements de parrain marseillais. De ces parrains de grandes fédérations qui, au PS, font les élections. Qui ont fait aussi le vote pour la direction du Parti, en novembre 2008. Cette année-là, à la veille des élections, Jean-Noël Guérini avait réuni ses chefs de section. Il voulait les amadouer et, pour ce faire, il n'hésitait pas à distribuer des prébendes. Cumulant les casquettes de patron du conseil général et de premier fédéral, il avait tout pour mettre à ses pieds élus et militants…

Le repas est somptueux. Soupe froide de rougets à la badiane, loup de mer à l'émulsion crémeuse de boutargue, le parrain socialiste sait recevoir et partager son goût pour la bonne chère. Mais ces agapes royales visaient avant tout à s'assurer de l'unité du camp méridional dans le soutien massif à Ségolène Royal.

Guérini fixe alors à ses troupes un objectif de 80 % des voix pour la motion Royal, à charge pour les responsables de section de faire passer la consigne à leurs militants. La motion de Ségolène Royal obtient 73 % des voix dans la fédération des

Bouches-du-Rhône, soit l'un des plus hauts scores de toutes les fédérations. Malgré ce succès, quarante-huit heures après le vote, le samedi 8 novembre 2008, un congrès fédéral réuni à la hâte décide de sanctionner les sections n'ayant pas respecté la consigne par un moyen d'une parfaite simplicité : en les faisant carrément disparaître.

Ainsi, selon le *Canard enchaîné*, à Aix-en-Provence, la section Ouest qui avait voté Bertrand Delanoë a été purement et simplement supprimée. De même pour la section Est, qui avait donné la majorité à la motion Aubry. Ces deux sections fusionnent avec la section Centre, qui a voté Ségolène Royal. À Marseille, la section qui soutenait Delanoë a été coupée en deux. Et dans la petite ville de Maussane-les-Alpilles, deux mille habitants et quatre-vingt-dix-neuf militants, la section a été carrément dissoute. En clair, toutes les sections dont les militants n'ont pas respecté la consigne de vote des dirigeants locaux ont été sanctionnées. Jean-Noël Guérini est un vrai parrain : on ne lui résiste pas, et il sait établir un rapport de force.

Le jour de l'élection de la Première secrétaire, Martine Aubry et Ségolène Royal ont donc chacune son royaume pourri. Martine Aubry peut compter sur le soutien indéfectible de la puissante fédération du Nord où les tripatouillages sont fréquents. De son côté, Ségolène Royal sait que

Jean-Noël Guérini et Georges Frêche la soutiennent sans hésitation.

Ce scrutin est une véritable partie de poker menteur. Les partisans de Ségolène Royal, passés maîtres dans l'art de l'intox, laissent entendre à intervalles réguliers que l'ancienne candidate à la présidentielle est en tête. Funeste erreur tactique… Car de leur côté, les supporters de Martine Aubry ajustent les résultats du Nord en fonction de ceux qui tombent du Sud pour permettre à Martine de virer en tête… Jean-Pierre Mignard, aujourd'hui pourtant fâché avec Ségolène Royal, est catégorique : la victoire a été volée et Jean-Noël Guérini a trahi. « On ne prend plus de gants, on bourre les urnes », auraient déclaré des cadres de la fédération du Nord.

Mais au PS, le bourrage des urnes et l'émargement fictif sont des pratiques aussi anciennes que le parti lui-même. À Marseille, on comprend donc très vite que la rue de Solferino communique davantage de résultats à la fédération du Nord, et que celle-ci pourra ainsi ajuster indéfiniment ses votes pour offrir la victoire à Martine Aubry. Jean-Noël Guérini sait aussitôt que la partie est perdue. Une intuition salutaire, puisqu'elle lui permettra de jouer sa survie politique… Il décide alors de ne pas laisser sa fédération pratiquer une surenchère. Il lâche donc Ségolène Royal au profit de Martine, à qui il permet ainsi de prendre la tête du Parti. Mais, du coup, il sait qu'il tient Martine, en bon parrain qu'il est. Et c'est ce qui explique que, dès le début du processus de rénovation, Martine, reconnaissante, protège Jean-Noël Guérini.

C'est donc dans ce contexte que le 20 avril 2011, Arnaud Montebourg quitte son bureau de l'Assemblée nationale et remonte tranquillement la rue de l'Université pour se rendre à la convocation de la direction du PS. Il fait beau sur Paris et le thermomètre affiche des températures dignes d'un mois de juillet. Mais cet emballement du mercure concerne aussi le Parti, et le député de Saône-et-Loire le sait.

Arnaud ouvre le bal : il est le premier à être entendu par ses camarades. La présidence de cette instance des sages du Parti a été confiée à l'ancien ministre de la Défense Alain Richard.

L'atmosphère est lourde à son arrivée. Comme le dit un participant à ces festivités d'un genre nouveau : « On ignore si la tension était la conséquence des enjeux pour le PS comme pour Arnaud, ou simplement l'expression d'incroyable sérieux d'Alain Richard pour gérer au mieux le bâton merdeux laissé par Martine ! » Ce pauvre Alain Richard, triste comme un jour sans pain, qui ne s'est jamais plaint, habitué aux militaires et aux crises de la défense, qui hérite dudit bâton merdeux et traite l'affaire avec son sérieux habituel…

La commission, ayant accepté de lire et d'étudier les documents fournis par Arnaud, va poursuivre ses travaux pendant cinq mois. En juillet, elle rend donc ses conclusions, qui se bornent à égratigner certains agissements de la cour des Bouches-du-Rhône. Celle-ci échappe à une mise sous tutelle mais a été priée d'abandonner « ses usages anciens » et sa « culture du rapport de forces ». En clair, Jean-Noël Guérini pourra continuer de couler des jours heureux dans une fédération qui depuis toujours s'est affranchie des oukases parisiens. Arnaud Montebourg a voulu jouer les matamores, mais il est resté bien seul… Mais si Arnaud n'a pas gagné, en dépit des apparences, Jean-Noël Guérini non plus. Le patron de Marseille attendait un blanc seing qu'il n'a pas obtenu. En sous-main, c'est bien un début de lâchage.

Il faut dire que les socialistes ont une autre raison de le lâcher : elle s'appelle Laurence Vichnievsly, porte-parole des Verts et ancien juge anti-corruption, qui connaît les juges de Guérini. Il y a donc dans la région un partenaire de la gauche plurielle qui est au courant de tout. Eva Joly, qui était magistrate au pôle financier, a aussi connaissance de bon nombre de casseroles. Le PS doit donc donner de vrais signes pour s'assurer un bon report de voix à la présidentielle.

Bob et Marcel sont de la fête...

Si Martine et François ont tant besoin de l'appui des fédérations, c'est qu'il leur faut des primaires susceptibles d'attirer le plus grand nombre d'électeurs. Et là...

« Je n'ai jamais été de ceux qui pensaient que l'on pourrait atteindre trois ou quatre millions de votants... Pour que les primaires puissent constituer un succès, il nous faut mobiliser un million d'électeurs... »

Ces propos de François Rebsamen, ancien patron des fédérations et proche de François Hollande, soulignent l'embarras des cadors socialistes devant un procédé qui, s'il participe à un renouvellement des mœurs politiques, relève malgré tout du pari au moment où les Français sont de moins en moins nombreux à se rendre aux urnes. Arnaud Montebourg peut déclamer à qui veut bien l'entendre que l'on pourra avoir plus de quatre millions de votants, en ce début juillet, les hiérarques socialistes ne cachent pas leur inquiétude. Et si ces primaires, avec le risque de combat fratricide qu'elles présentent, n'allaient pas rencontrer celui que François Mitterrand appelait le peuple de gauche... ?

Pour s'assurer d'une participation massive aux élections primaires, les communicants socialistes ont eu une idée... Et c'est le sémillant David

Assouline qui en ce 11 juillet présente rue de Solferino les géniales trouvailles de ces grands esprits.

Le PS va se transformer en club Mickey avant la primaire. On va faire une tournée des plages en distribuant des bobs et des marcels frappés de ce slogan qui laisse songeur : « Les 9 et 16 octobre, ce n'est pas Bob (pour le chapeau) ou Marcel (pour le maillot de corps), c'est Moi qui décide ! » Il ne manque plus que la caravane publicitaire du tour de France ! Il est vrai que cela complète la panoplie de pelles et de râteaux qui ne manque pas d'accompagner une bonne tournée de politiques…

Martine Aubry trouve la chose amusante, François Hollande est consterné. Voilà pour les réactions côté coulisses. Mais surtout, on constate qu'il y a de la fébrilité dans l'air… Un malheur n'arrive jamais seul, un bonheur non plus… Les élections sont encore loin, mais un nouveau sondage donne Martine Aubry comme François Hollande victorieux face à Nicolas Sarkozy.

À ceci près que François Hollande fait toujours la course en tête…

L'opinion trouve un profil présidentiable plus évident à l'ancien Premier secrétaire. Son fils Thomas s'occupe désormais de sa campagne, et plus précisément d'Internet. De son côté, Julien, qui se destine à des études de réalisateur, confie avoir vu son père se transformer… « Et pas seulement parce qu'il a maigri », précise ce fils au regard bienveillant... Il évoque aussi les relations pacifiées entre son père et sa mère, manière de se dégager de toute instrumentalisation, et surtout de laisser entendre l'éventualité d'un pont entre Ségolène et François dans l'hypothèse d'un second tour aux primaires.

De manière plus politique, Pascal Tallon, lobbyiste très proche de Ségolène Royal pendant toute la campagne de 2007, a aujourd'hui rallié François Hollande, et son analyse est limpide : « Au-delà des querelles de personnes que je crois aujourd'hui dépassées, c'est la réalité politique qui dominera... Et à ce que j'ai pu voir, les supporters de Ségolène et ceux de François, ce sont les mêmes. Les militants n'auront aucune peine à passer de l'un à l'autre ! »

La transformation de François Hollande s'est faite progressivement ; désormais, quand on évoque avec lui le retrait forcé de DSK, il répond avec un sourire carnassier :

« Je l'aurais battu. »

Son ami Jean-Michel Gaillard ne cessait de répéter :

« François, il attend son heure... »

En 2012, il veut croire que son heure est venue...

Martine se fâche…

De son côté, en ce début juillet, Martine Aubry se bat avec ses vieux démons. C'est une candidate à la peine, mais sa grande force est de savoir faire de ses handicaps apparents un véritable atout…

« Martine, on ne risque pas de la prendre en photo dans une Porsche. »

« Bien sûr, ce n'est pas une oratrice exceptionnelle, elle ne galvanise pas les foules, mais notre Angela [Merkel], c'est du solide. Elle avance lentement, mais toujours sûrement et avec détermination. » Cet éloge un brin moqueur de Claude Bartolone lève le voile sur la méthode Aubry…

« On croit qu'elle avance pour le groupe… Cela a été flagrant à Reims où elle était prête à se mettre en retrait, disait-elle, pour rester à la manœuvre. Mais finalement, tout cela n'avait qu'un but : s'imposer tout naturellement. »

Manuel Valls, lui, décrypte avec sévérité les supercheries de Martine Aubry. Supercheries qui avaient poussé Jean-Pierre Mignard à la définir comme « une menteuse congénitale » et Pierre Moscovici à parler d'un « mentir vrai » à son sujet.

Début juillet, des rumeurs sur l'alcoolisme supposé de Martine Aubry et des liens imaginaires entretenus par son mari avec des réseaux islamistes sont repris sur Internet par une presse nauséabonde. Martine Aubry dégaine pour évoquer à demi-mot un complot ourdi par des proches du chef de l'État, mais surtout elle interpelle son principal concurrent, François, qu'elle contraint par là à venir à sa rescousse tout en affirmant sa fidélité. « Elle est sincèrement blessée, mais cela relève d'une tactique habile, puisqu'elle oblige ses adversaires à faire front avec elle. » Ce proche de François Hollande ne cache pas son scepticisme devant cette manière de se victimiser. Avant d'ajouter, peut-être pour se rassurer : « Peut-être que de se montrer si vulnérable, cela jouera *in fine* contre elle. »

Le jour où…

Le 12 juillet, c'est le grand jour. La clôture des inscriptions aux primaires était fixée au 13 juillet – une date un moment restée en suspens du fait des aventures de Dominique à New York. Cette fois, les jeux sont faits.

Le matin même, les émissaires de Ségolène Royal et d'Arnaud Montebourg sont venus déposer leur dossier de candidatures et leurs parrainages à ces primaires qui n'en finissent pas… Les Français sont en vacances. Car les socialistes avaient choisi cette date estivale pour consacrer au lendemain du G 20 celui qui devait être leur candidat : DSK. Mais en l'occurrence, ce qui retient l'attention, c'est le début du match Hollande-Aubry. Avec en filigrane deux stratégies distinctes : François rassemble, mollement, dirait Martine, tandis qu'elle dégaine son carnet d'adresses et joue des bobos. Un match qui risque de devenir de plus en plus saignant, à en juger par les petites phrases assassines savamment distillées dans chacun des camps.

« Ils ont beau promettre qu'ils feront tout pour ne pas se taper dessus… Je sais comment cela finit, surtout si on est assuré de gagner en 2012 », soupire Gilles, ce vieux militant de l'Essonne venu soutenir le camarade François. Est-ce un signe ? Ce 12 juillet, le temps est à l'orage et l'on dénotera au cours de la journée plus de cent mille impacts de foudre… Un record !

« François Hollande se mitterrandise… On l'attend. » « C'est Ségolène qui lui a appris à être en retard. » Dans l'entourage de François Hollande, on s'impatiente. Tous les élus sont là, ils piaffent pour le lancement de la bataille tant attendue. Les troupes ont été conviées à la Maison de l'Amérique latine, à quelques centaines de mètres de la rue de Solferino. On retrouve le député européen Stéphane Le Foll, les députés Bruno Le Roux et Michel Sapin. François Hollande arrive enfin, à pied, et avec quarante-cinq minutes de retard. C'est l'occasion de mesurer le rapport de forces avant que Martine ne montre son armée cet après-midi.

Avec François Hollande, on est dans le sérieux… On note cependant quelques étonnantes apparitions : des recrues issues de la Ségolénie jadis triomphante… On reste en famille, en quelque sorte.

La députée Aurélie Filippetti et le Marseillais Patrick Mennucci sont là. Mais ce dernier est aussi présent parce que son ennemi juré, Dédé Guérini, soutient Martine Aubry…

Ensuite, on dénombre les anciens strauss-kahniens, adeptes de l'orientation social-démocrate du candidat Hollande. La députée Marisol Touraine, le député européen Vincent Peillon, le maire de Lyon Gérard Collomb ont répondu présents.

Enfin, il y a Pierre Moscovici. Après avoir menacé de se présenter et hésité entre Aubry et Hollande, il a finalement basculé du côté du député de Corrèze. « Martine a fait croire qu'elle a remis le Parti au travail. En réalité, il s'est passé très peu de choses… On a fait semblant, entre deux claquements de portes », ironise-t-il. Moscovici reste seul avec les journalistes pour présenter l'organigramme, puisqu'il est le nouveau « coordonnateur » d'une équipe qui se passera de directeur de campagne. « Un directeur de campagne, c'est pour une campagne présidentielle », dit-on officiellement.

En réalité, la collaboration dans la nouvelle alliance ne va pas sans mal. Sébastien Le Foll, chargé de l'organisation de la campagne, n'apprécie guère la belle place offerte au rallié de la dernière heure. Une querelle s'éteint, une autre renaît... Ainsi va le PS...

Martine et son carnet d'adresses

Comme à Lille, lors de l'annonce de sa candidature aux primaires, Martine Aubry a de nouveau choisi un lieu de culture pour ce rendez-vous avec la presse. Celle-ci est symboliquement convoquée dans un musée, celui du Montparnasse, quartier où elle possède un appartement. Il est installé dans une petite venelle bordée d'ateliers d'artistes, à la cour pavée, enfouie dans la verdure. C'est petit, simple, bucolique et intime.

D'emblée, Martine dévoile la particularité de son organigramme : pour chaque secteur, un duo composé d'un politique et d'une personne issue de la société civile est à la manœuvre.

L'économiste Daniel Cohen, comme le généticien Axel Kahn ne sont pas vraiment une surprise. Ils participaient déjà aux travaux du PS, et avaient occupé l'estrade à La Rochelle lors de l'université d'été.

On retrouve aussi une partie du bureau national du Parti, avec des attributions solides et convenues : Élisabeth Guigou à la Justice, Guillaume Bachelay à l'Industrie, ou encore Bruno Julliard à l'Éducation. Si ce dernier est souvent rudoyé par Martine Aubry, il a du moins le mérite d'appeler un chat un chat : « Le PS s'est coupé du monde enseignant singulièrement par manque de travail. »

Et puis, il y a le carnet d'adresses de Martine. On savait qu'Alain Minc venait à son anniversaire… On sait désormais qu'elle entretient de bonnes relations avec l'écrivain ex-ambassadeur et ami de Kouchner avant sa déroute : Jean-Christophe Rufin. Un homme qui proposa sa candidature à l'audiovisuel extérieur contre Christine Ockrent. « Un homme élégant qui a eu le bon goût de venir tuer la bouche qui l'avait nourri », ironise un syndicaliste de RFI.

« Elle n'est pas une amie, je suis tout simplement une fan ! » glisse Martine en midinette lorsqu'elle présente Sandrine Bonnaire qui aura en charge la Culture et les Médias…

Dans l'équipe Aubry, on ne cesse de plaider le renouvellement : « Il faut de nouveaux visages, des gens ancrés dans la société, mobilisés. On ne prépare pas un congrès du PS. »

Le match est lancé, donc. Les styles se dessinent, les discours se précisent, les soutiens se comptent. Cette configuration inquiète certains socialistes, comme ce strauss-kahnien de la première heure : « On devine des problèmes de congrès. Si ça continue, on va se planter grave. Celui qui sortira victorieux de la primaire, c'est celui qui ne la prendra pas pour un congrès. »

Sur le pont d'Avignon...

… On y danse depuis des temps immémoriaux. Il a été immortalisé par nos comptines d'enfance, mais on oublie trop souvent que ce fameux pont ne mène nulle part ! Une vérité géographique et architecturale qui aurait dû être méditée par les deux ténors de la compétition socialiste.

Le dimanche 17 juillet en Avignon est un jour gris. Pas seulement du fait d'une météo capricieuse et triste depuis le début de l'été, mais surtout parce que, ce jour-là, l'étendue des divisions entre Martine Aubry et François Hollande est apparue au grand jour.

Avignon regorge de petites ruelles idéales pour un cache-cache rendu nécessaire par la violence du combat à venir. François Hollande et Martine Aubry sont au festival et en campagne. Ils ont décidé d'arpenter la Cité des papes sans se rencontrer. C'est sans doute préférable et puis, comme le dit malicieusement ce proche de Martine Aubry : « Jouer la comédie en plein festival d'Avignon, cela constituerait une faute de goût ! » Pourtant, s'il y a déjà un festival off et d'innombrables spectacles de rue, des histrions d'un nouveau genre viennent d'arriver en ville. Entre les candidats socialistes, ce ne sont qu'esquives, rendez-vous manqués, fausses reconnaissances, entrées et sorties entre cour et jardin… Une authentique *Comédie des erreurs* !

François Hollande démarre sa journée par une visite de la maison du fondateur du festival, Jean Vilar. Au pied du grand escalier, il flingue la camarade Martine, qui a déclaré vouloir augmenter le budget de la culture de 30 à 50 % : « La politique, ce n'est pas un concours du plus savant, du plus culturel, du plus allant dans les choix budgétaires. » Le message est clair, la rigueur budgétaire, c'est lui, la dépense, c'est elle ! En ces temps inquiétants face au déficit, ce jeu de rôle transparent ne sera pas sans conséquences.

« Elle est où, Martine ? »

Manuel Valls a choisi lui aussi de draguer l'artiste, alors il est descendu à son tour.

Il faut dire qu'il y a du boulot pour la gauche, jadis assurée du soutien des créateurs et des intellectuels… Aujourd'hui, un acteur comme Denis Podalydès vante les mérites de Nicolas Sarkozy, la gauche peine à séduire !

Manuel Valls croise François Hollande par hasard et l'interpelle : « Elle est où, Martine ? »

François Hollande ne le sait pas et aimerait bien le savoir pour être sûr de l'éviter !

Nouveau printemps pour la culture

Martine est à la Manufacture pour y rencontrer des artistes. François y va aussi…

Il fait mine de découvrir que sa rivale ne va pas tarder :

« On va se croiser, c'est parfait ! » lâche-t-il.

Martine peut alors arriver. En 1981, Jack Lang déclarait que la victoire de François Mitterrand signifiait que l'on était passé des ténèbres giscardiennes à la lumière socialiste. Aujourd'hui, Martine veut apporter le soleil au moment où une pluie fine tombe sur Avignon.

« 2012 doit être un nouveau Printemps pour la culture, comme en 1936, comme 1981 », s'écrie-t-elle.

Du côté des entourages, on s'affaire pour que cette partie de cache-cache ne tourne pas trop au vaudeville… François Rousseau rappelle aux journalistes combien Martine est investie dans les enjeux d'une politique culturelle. Elle aime le théâtre, le cinéma, la musique… « Elle n'a pas attendu ces élections pour faire mine de s'y intéresser », glisse-t-on dans sa garde rapprochée. Une première pierre dans le jardin de François

Hollande. « Il lui arrivait de discuter avec des amis artistes, avec Olivier Poivre d'Arvor. Cela ne date pas d'aujourd'hui », poursuit ce collaborateur.

En 1992, alors qu'elle était ministre des Affaires sociales, elle avait d'ailleurs pris un soin particulier à suivre la réforme du système d'assurance chômage des intermittents ou celle de la sécurité sociale des auteurs !

De son côté, François Hollande n'a jamais témoigné d'autant d'intérêt pour la culture et les artistes. Certes, son fils Julien multiplie les courts métrages à la sortie de son école de cinéma, et il cultive une amitié déjà ancienne avec Bernard Murat… Mais là, on est en campagne et les choses sont un peu différentes.

Mais le jeu du comptage des soutiens d'artistes va être éclipsé par les propos de Martine sur une hausse du budget de la culture. De cette première bataille, c'est François Hollande qui va sortir victorieux, en contraignant sa rivale à aller sur son propre terrain. « François nous a fait passer pour de simples dépensiers peu soucieux des deniers publics. C'est quand même un peu fort de café. » Ce conseiller de Martine ne goûte guère la leçon d'orthodoxie budgétaire lancée par le candidat Hollande. Dès le lendemain pourtant, Martine précisera que ces hausses doivent s'inscrire dans le respect des équilibres budgétaires.

Mais surtout, en ce début juillet, l'actualité des socialistes a définitivement rejoint les pages des faits divers avec une autre plainte contre DSK. En effet, la plainte de Tristane Banon a désormais traversé l'Atlantique…

L'Amérique, l'Amérique…

« L'Amérique, je veux l'avoir et je l'aurai… » chantait Joe Dassin.

Aujourd'hui, c'est l'avocat de Tristane Banon qui pourrait reprendre ce refrain.

À quelques mètres de la prison dorée de DSK à TriBeCa, dans le sud de l'île de Manhattan, ce vendredi 17 juillet, le procureur Vance évoque dans son bureau l'affaire Strauss-Kahn. Il vient de demander aux avocats de DSK de reporter l'audience… Il est en réalité en train de s'aligner sur la stratégie de défense mise au point par Benjamin Brafman.

Se doutant de la chose, l'avocat de la victime présumée Nafissatou Diallo, Kenneth Thompson, vient lui parler de l'affaire Tristane Banon. Une affaire qui tombe à point.

Depuis les révélations du mois de juin, le procureur cherche un moyen de renforcer son accusation et contemple ce qui apparaît déjà comme une erreur judiciaire.

Le *district attorney* Cyrus Vance n'est plus que le général d'une armée en déroute. Au 80 Centre Street, depuis ses fenêtres du huitième étage, il contemple le désastre qu'il a déclenché. Au bas du pâté de maisons voisin, les dizaines de reporters du monde entier qui envahissent les trottoirs de la cour criminelle de Manhattan à chaque audience de l'affaire DSK ne jouent plus des coudes pour chroniquer la chute du directeur général du Fonds monétaire international. Ils sont là pour l'entendre, lui. Tous attendent ses explications, sa contrition, voire, pour les plus durs, sa démission.

Jamais le parquet de Manhattan n'avait subi pareille humiliation. Cette institution forte de mille trois cents salariés, constellée de juristes formés dans les meilleures universités du pays, celle-là même qui a fait condamner l'escroc Bernard Madoff à cent cinquante ans de prison et expédier au pénitencier les parrains de la mafia italo-américaine, est exposée au feu roulant de la critique. Avocats, anciens procureurs, chroniqueurs judiciaires s'interrogent sur le fiasco des services du « DA ». Après avoir demandé l'incarcération de Dominique Strauss-Kahn, le 16 mai, lors de la première présentation du suspect devant la cour criminelle de Manhattan, Cyrus Vance a dû battre en retraite le 1er juillet en avouant à la cour que la présumée victime avait menti à plusieurs reprises. Entre-temps, DSK avait remis sa démission au FMI et perdu pratiquement toute chance de participer à la course à l'Élysée, dont il était le favori.

Afin de mettre toutes les chances de son côté, Cyrus Vance avait confié l'accusation à une équipe féminine de choc : ses substituts Ann Prunty et Joan Illuzzi-Orbon, rompues l'une et l'autre aux affaires sensibles. Mais sa décision fait grincer des dents dans ses services. La nomination de ces deux femmes à la direction de l'enquête signifie la mise à l'écart de la Sex Crime Unit (SCU), la section spécialisée dans les crimes sexuels. Des tensions vont naître entre la responsable de la SCU, Lisa Friel, et le tandem chargé de l'affaire DSK. Citant une source du parquet, le tabloïd *New York Post* révèle même qu'Ann Prunty et Lisa Friel se sont violemment disputées à propos de la conduite des investigations. Le départ de cette dernière, qui a quitté soudainement les services du procureur, a été interprété comme une sanction de Cyrus Vance consécutive à son attitude. En fait, il s'agirait davantage de sa réaction à un documentaire que la chaîne HBO avait consacré à la SCU, dans lequel Lisa Friel s'exprimait sur des dossiers en cours (dont l'affaire DSK). Le *district attorney* aurait jugé ses propos imprudents et susceptibles de fournir des arguments aux avocats de plusieurs prévenus ou suspects, dont ceux de Dominique Strauss-Kahn.

Cyrus Vance veut-il effacer plusieurs échecs ?

Une ambiance tendue s'installe au huitième étage de l'immeuble de Centre Street. Les plus hostiles au patron se posent des questions. Cyrus Vance veut-il soigner sa réélection au poste de DA, voire préparer une carrière politique future ? En accrochant au-dessus de sa cheminée un trophée de chasse aussi prestigieux que le directeur général du FMI, veut-il se tailler une réputation de procureur intraitable avec les puissants ? Ou veut-il, plus simplement, effacer plusieurs échecs, dont l'acquittement de deux policiers new-yorkais accusés d'avoir violé une femme en garde à vue ?

Pendant trois semaines, aucune ombre ne vient ternir l'image de Nafissatou Diallo. Placée dans un hôtel de Brooklyn – certaines sources proches de la Guinéenne expliquent qu'au début elle changeait d'hôtel tous les deux jours –, elle répond docilement aux convocations du parquet et fournit les renseignements nécessaires à l'enquête. La première alarme retentit le 9 juin. Alors que, par deux fois, elle avait raconté aux enquêteurs, la voix pleine de sanglots, le martyre qu'elle avait subi en Guinée, violée par des soldats qui l'avaient arrêtée, elle avoue avoir inventé cette histoire. Kenneth Thompson, son avocat, met immédiatement fin à l'entretien. Selon ses déclarations ultérieures, sa cliente n'a pas supporté les manières et le ton inquisitoire des substituts du procureur. Le *New York Times* écrit de son côté que la femme de chambre s'était roulée par terre dans le bureau du procureur. Elle ne paraîtra plus devant les enquêteurs pendant dix-neuf jours, refusant de se rendre aux convocations, sur les conseils de Kenneth Thompson.

Pourtant au moment où l'accusation prend l'eau, au moment où le procureur est mis sur la sellette au regard de ses échecs passés, il décide d'ouvrir ses portes aux journalistes pour mieux souligner que pour lui rien n'a changé : « Je reste persuadé qu'il s'est passé quelque chose dans cette chambre et je n'arrive pas à croire que Mme Diallo ait pu être consentante », répète-t-il à tous ses visiteurs.

Certains des magistrats qui travaillent avec lui sont encore plus catégoriques : « Les mensonges de Nafissatou Diallo sont ceux d'une femme soumise, de ces parias qui n'ont pas la parole et s'empêtrent dès qu'on les interroge… Sa parole est fragile parce que c'est elle qui est fragile », assène cette femme qui connaît le dossier.

Mais les convictions du procureur et des enquêteurs ne pèsent pas grand-chose face aux nouvelles révélations sur la plaignante, et surtout face à la rouerie de Benjamin Brafman, l'avocat de DSK.

Lorsque Vance parle de ce ténor du barreau, on sent un mélange d'admiration et de réprobation chez celui qui veut incarner le bien : « Il est capable d'être d'une mauvaise foi incroyable, bluffant comme un joueur de poker. Ce n'est pas mon truc, mais si un jour j'avais un ami ou un proche en grande difficulté, c'est peut-être lui que j'appellerais. »

Il y a quelque chose d'éteint chez Cyrus Vance, alors que Brafman garde dans les yeux cette lueur qui souligne une intelligence et une rouerie hors norme…

Le procureur doit donc désormais faire oublier plusieurs échecs à une opinion publique remontée contre la faiblesse de la justice.

L'agitation française est parvenue jusqu'à New York. Le journal populaire le *New York Post* évoque en une les aveux d'Anne Mansouret, la mère de Tristane Banon, à propos de sa liaison avec DSK.

En cette fin juillet, les auditions nombreuses et médiatisées, les règlements de comptes entre la maîtresse et l'ex-femme de DSK offrent un spectacle dont les socialistes se seraient bien passés.

François Hollande est mêlé malgré lui à ce désolant spectacle et c'est sans doute loin d'être fini !

En effet, l'avocat américain de Nafissatou Diallo explique qu'il peut demain déposer plainte en France contre DSK, puisque les tribunaux français sont compétents pour juger ce dernier.

Ironie du sort, au moment où le procureur ne cesse de réclamer des délais supplémentaires pour enquêter, DSK réside à quelques blocs du palais de justice.

Les dissensions font rage dans l'équipe du procureur qui sait aujourd'hui que sa démonstration doit être irréprochable, faute de quoi il renoncerait à poursuivre DSK.

De plus, Cyrus Vance le répète à tous ses interlocuteurs, il se veut le défenseur acharné du droit des victimes, et plus exactement des femmes et des minorités. Son père déjà était à la gauche du Parti démocrate lorsqu'il était au côté de Jimmy Carter…

Mais, désormais, il doit composer avec l'avocat de Nafissatou Diallo, Kenneth Thompson. Et là, le courant ne passe pas… Comme pour mieux s'assurer de pouvoir mener ce dossier à bien, il avait demandé à l'avocat de la victime de rester discret. Peine perdue, c'est exactement l'inverse qui se produit en cette fin juillet…

La fin de la femme sans visage

Lorsque le candidat non déclaré DSK avait été stoppé dans sa bataille pour devenir le candidat des socialistes, une polémique avait éclaté entre Laurent Joffrin, outré que les socialistes, au nom de la présomption d'innocence, en arrivent à oublier la parole de la supposée victime, et Robert Badinter.

Cette polémique vaine avait aussi mis en évidence le fait que l'on ignorait tout de Nafissatou Diallo.

Fin juillet, une campagne médiatique orchestrée par l'avocat Kenneth Thompson met sous la lumière le visage de l'accusatrice de DSK.

Mais, en réalité, cette offensive médiatique va très vite tourner court et, en dépit d'une plainte au civil, elle ne parasitera pas le cours de la campagne socialiste qui prendra une autre tournure au mois d'août.

5.

EN AOÛT, DE L'AUBE AU SOIR,
ON N'A QU'UNE HEURE POUR S'ASSEOIR !

Pour lui, cela devait être des vacances. Il était parti se reposer dans le Sud-Ouest, mais son portable depuis n'arrête pas de sonner. Un jour, c'est François Hollande, puis Frédéric Monteil. Mais le camp de Martine n'est pas en reste… Elle aussi l'appelle souvent, ou bien c'est François Lamy… Ce sondeur, jadis proche de DSK, fait aujourd'hui figure de gourou et, en privé, il est très clair : « Le problème, c'est que l'on ne sait rien… C'est impossible de mesurer le niveau des sympathisants et plus encore de se déterminer sur la participation. » Pourtant, les deux principaux candidats ne cessent de l'appeler, l'implorant parfois de jouer les pythies !

L'un comme l'autre sont loin de la force tranquille, et ils aimeraient bien connaître un peu l'état des troupes. Comme le rappelle non sans malice ce tout proche de François Hollande : « La dernière fois que les militants ont eu le droit de voter, Ségolène Royal a pris dix points entre le vote des motions et les suffrages directs… On le sait, des urnes avait été bourrées. Mais, tout de même, cela interpelle car personne ne s'y attendait. On a toutes les raisons d'être prudent. »

Du côté de Martine, on n'est guère plus rassuré…

Martine, François… Tous les deux entonnent le refrain du « je te tiens, tu me tiens par la barbichette »… D'autant que le début du mois d'août est marqué par une crise financière sans précédent qui menace l'ensemble de la zone euro. Alors la fille de Jacques Delors et l'ancien responsable des clubs deloristes, François Hollande, ont nécessairement un avis sur la question. D'ailleurs, une fois de plus, papa Delors va semer la discorde dans ce duel fratricide entre les deux principaux candidats du PS. « Elle est bien, ma fille, lance-t-il en plein débat. C'est la meilleure. »

Face à la crise, François Hollande décide de convoquer un conseil d'économistes, Philippe Aghion, Karine Berger et Élie Cohen pour tenter de trouver des solutions. Un magistère du savoir, en somme. Au même moment, dans un plan média savamment orchestré, il détaille tous ses projets dans *Le Point*, le journal de François Pinault… Chez Martine Aubry, on commentera avec une ironie mordante ce long plaidoyer du candidat socialiste dans la presse de droite… : « C'est officiel, François Hollande drague les chiraquiens. »

De son côté, papa Delors publie un long entretien dans deux quotidiens belge et suisse où il s'alarme de la situation de l'euro et surtout il fustige les positions françaises défendues par Nicolas Sarkozy. Cette attaque en règle contre le président de la République est immédiatement perçue par les hollandais comme un petit coup de pouce à la candidate Martine.

Que le meilleur perde !

Cette crise financière limite beaucoup la tâche des opposants. Entre l'euro et l'état des finances publiques, les dirigeants socialistes savent qu'ils n'ont que très peu de marge de manœuvre pour proposer une autre politique dès lors qu'ils entendent respecter une certaine orthodoxie économique.

En privé, certains ne cachent pas leur inquiétude. Henri Weber se confie à un ami de trente ans, de l'époque où ils étaient l'un et l'autre à la Ligue communiste révolutionnaire : « J'en viens à me demander s'il n'est pas préférable de perdre car en réalité on ne pourra rien tenir. Pas une des promesses. »

Cet aveu trahit en réalité une inquiétude qui est tout autant partagée par les ténors. La seule qui semble être imperméable à cette crise, c'est Ségolène Royal. Elle fustige les camarades qui promettent « du sang et des larmes ». Une sortie que l'on commentera avec ironie dans l'entourage de Martine Aubry… « C'est normal qu'elle ne prenne pas la mesure de la situation, elle a toujours été nulle en économie. »

Cette crise va brouiller la campagne des socialistes, surtout qu'au même moment va surgir l'idiot utile du socialisme.

L'idiot utile

« C'est un idiot… C'est un peu l'idiot de la famille… Mais il est utile car grâce à lui Martine et François se retrouvent déportés sur la gauche. » Cette confidence d'un tout proche de Martine Aubry souligne s'il en était besoin le peu de considération que l'on a pour Manuel Valls dans le Parti.

Le député-maire d'Évry s'est fait une spécialité de critiquer ses camarades et plus encore le Parti. Cette fois, il a décidé de taper fort.

« Il faut revoir en totalité le projet socialiste. Il a été pensé à un moment où les données économiques et les perspectives de croissance n'étaient pas les mêmes… Il en va de notre crédibilité économique. »

La bombinette Valls est lâchée… et Martine Aubry comme François Hollande décident à l'unisson de ne pas réagir. Comme le mentionne ce conseiller de François Hollande : « Il fait tout cela pour devenir ministre de l'Intérieur… De toute façon, si nous gagnons, ce sera François [Rebsamen], et si c'est Martine, elle n'en voudra pas. »

En réalité, il cherche à ce moment-là à se rapprocher de François Hollande car il sait bien qu'il est dans une impasse et que le contentieux qu'il a avec Martine est trop lourd.

Les flingues sont sortis…

À moins d'une semaine de l'université d'été de La Rochelle, la guerre fait rage entre tous les candidats aux primaires. On reproche à Martine de profiter de son contrôle de l'appareil pour ouvrir une université d'été avec une union de façade autour de la Première secrétaire.

« En 2010, c'était déjà les bisounours… En 2011, ce sera encore le pays des bisounours… », tempête Julien Dray. C'est que, côté coulisses, les tensions se font de plus en plus vives. Pierre Moscovici au micro de RTL joue les porte-flingues. « Quand je regarde le programme de l'université d'été de La Rochelle, je constate que les soutiens de Martine Aubry sont omniprésents, beaucoup plus que les autres. »

Signe de cette tension, François Hollande a refusé qu'un proche de Martine, Guillaume Bachelay, qui est un de ses plus farouches opposants, débatte avec lui de la « croissance ». Le petit Bachelay est détesté des hollandais et même des partisans de DSK. Lorsque Martine Aubry avait comparé lors d'une convention à la Plaine Saint-Denis la rigueur budgétaire de Nicolas Sarkozy à celle de Bernard Madoff, elle s'était attiré les foudres de François Kalfon, proche de DSK : « Voilà ce qui arrive lorsque l'on confie le soin d'écrire ses discours à un lecteur de *Télérama...* » Et le lecteur de *Télérama* s'appelle Guillaume Bachelay. Une tête bien faite, un ouvriérisme qui surprend pour cette plume et conseiller de Laurent Fabius, lequel a résolu d'en faire son successeur à la tête du conseil général de Seine-Maritime.

Une fois la jeune tête d'œuf récusée, François Hollande débattra sans risque avec deux de ses amis, le maire de Lyon Gérard Collomb et le député Pierre Moscovici. « Pourquoi donc François ne débat-il pas avec Hollande ? » s'interroge ce tout proche de Martine Aubry.

Le retour

Le 23 août, le juge Michael Obus décide d'abandonner les poursuites contre DSK. L'homme a perdu trois mois et surtout toute chance d'être candidat à l'élection présidentielle. Les socialistes ont refait leur vie, sans lui… Pourtant, si ce retour constitue une indéniable bonne nouvelle pour DSK et ses proches, c'est moins évident pour les camarades socialistes, qui craignent qu'il ne se fasse dans une ambiance du type *Règlements de comptes à O.K. Corral.*

Devant les caméras, François Hollande « se réjouit », Martine Aubry est « très heureuse », Bertrand Delanoë exprime sa « joie », et Manuel Valls son « soulagement », tandis qu'Harlem Désir salue « un heureux dénouement ». Mais derrière ce concert de louanges, il y a la crainte d'un soutien défaillant, celui d'Anne Sinclair. La femme de DSK a fort peu goûté le soutien très éloigné des socialistes… Lionel Jospin attendra quatre jours avant de lui adresser un SMS de soutien, Jean Christophe Cambadélis changera très vite d'écurie… D'autres auront en privé des propos peu sympathiques sur les addictions sexuelles de DSK… Toutes ces prises de distance sont revenues aux oreilles d'Anne Sinclair, comme l'interview de Laure Adler où elle racontait l'impossibilité d'évoquer entre femmes le comportement de son mari… Anne Sinclair est d'humeur à la vengeance, et qui sait jusqu'où peut aller son réseau ?

Même si officiellement les partisans de DSK ont en majorité rallié Martine Aubry, ce retour de l'ex-patron du FMI lui complique la tâche.

« Je n'ai jamais déterminé ma démarche par rapport à la situation de l'un ou de l'autre. Je n'avais aucun pacte, aucun arrangement », martèle François Hollande.

Une discrète allusion au fameux pacte passé entre Martine et l'ex-patron du FMI pour ne pas se présenter l'un contre l'autre à la primaire. Une manière aussi de souligner combien la Première secrétaire est une candidate de substitution.

Ce retour arrive juste au moment où Martine tente de refaire son retard dans la course à l'écha-lote socialiste… Les sondages donnent pour l'heure un net avantage à François Hollande, qui s'est montré magnanime en lançant un discret appel à DSK ! Ce non-lieu vient malgré tout troubler la campagne de la primaire à quelques jours de l'université d'été du PS. S'ils n'ont d'autre moyen que de « saluer cette décision » de remise en liberté, il reste que les socialistes n'en mènent pas large : « L'ombre de DSK va planer sur la campagne de 2012 », reconnaît l'un d'eux. Mais Guillaume Garot, porte-parole de Ségolène, veille à corriger un peu le tir : « Les Français attendent de nous des solutions concrètes aux problèmes qu'ils connaissent. Pas des commentaires sur les rebondissements de l'affaire DSK ! » Et sa candidate de renchérir : « Une page importante se tourne pour lui. Les socialistes continuent d'être au travail, bien évidemment. »

Pour tous, rendez-vous est pris à La Rochelle.

28 août. Beau temps, mais orageux en fin de journée…

Beaucoup de monde à l'université d'été de La Rochelle pour ce cru 2011. Il doit précéder la victoire, mais en réalité tout le monde attend un combat mortel entre les trois principaux ténors : François Hollande, Martine Aubry et Ségolène Royal.

On a d'un côté cinq mille militants, sympathisants ou élus ; de l'autre, près de neuf cents journalistes alléchés par un spectacle que seuls les socialistes peuvent offrir : des cris, des larmes et des piques assassines…

Après le saignant feuilleton estival de DSK, les médias sont omniprésents, le nombre de journalistes a doublé. Chaque éléphant qui risque une patte dehors disparaît sous une forêt de perches, de micros et de caméras ; les gardes du corps repoussent l'assaut sans ménagement, mais l'un d'eux s'en prend une dans l'estomac. Comme le disait

Martine lors d'un précédent déplacement : « J'ai toujours peur de prendre un coup avec ces abrutis. »

Pour l'instant, l'université d'été des socialistes, pas décevante, commence par un psychodrame. Dans la série *Embrassons-nous, Folleville*, Martine Aubry avait imaginé une photo de famille des camarades avec tous les candidats pour l'ouverture de cette université d'été... Et patatras, François Hollande n'est pas là... Il s'en explique bientôt, pressé de questions par les journalistes : il avait oublié (une fois encore)... « Il ne savait pas que tout le monde devait être là... Que c'était obligatoire... » Embarrassé, faussement naïf. « Si j'avais su, je n'aurais pas été à l'heure, mais je n'aurais pas été en retard... » Il s'amuse, François... Tandis que Martine, qui bout à petits bouillons, va bientôt être à point.

En 1981, la foule criait « Mitterrand, du soleil ! » place de la Bastille en ce 10 mai pluvieux... Signe du destin météo, au moment où les socialistes se prennent à rêver de victoire, le ciel est instable, on prévoit des orages, des giboulées... De quoi rafraîchir les esprits surchauffés par une ambiance électrique.

Le matin même, pourtant, tout a été fait pour éviter les affrontements où les socialistes auraient pu jouer à leur jeu favori : le « qui perd perd », où ils déploient le plus grand art, même pour des élections que l'on donnait gagnées d'avance. Ségolène, François, Martine et les autres sont intervenus sur France Culture dans une émission spéciale où ils ont parlé à tour de rôle pour ne pas s'écharper... Mais déjà, avant même d'arriver au port, deux lieutenants de Martine Aubry lancent les hostilités.

Dans le TGV parti à l'aube de Paris en direction de La Rochelle, Jean-Paul Huchon et Jean-Christophe Cambadélis bavardent à la cafétéria. Plus que des supporters de la Première secrétaire, ce sont avant tout des orphelins de DSK. À l'inverse de leur camarade Mosco, ils ont décidé de rallier Martine. L'année précédente Huchon avait boudé La Rochelle, ayant préféré le festival Rock en Seine, qui se tient en même temps. Le président de la région Île-de-France est très branché rock, ce que ne laisserait pas deviner son aspect général. Il faisait autrefois de la guitare, il était dans un groupe. Il lui arrive encore de se déhancher avec sa cravate Hermès, « ce qui lui va comme des manchettes à un cochon », disent de méchantes langues. En 2010, donc, il s'était trouvé mieux sur la scène rock plutôt qu'à l'université d'été, chez « les bisounours de Martine ». Mais pour ces deux anciens de DSK, leur ralliement à Martine se fait d'abord contre François qui s'était opposé avec obstination à leur mentor !

« De toute façon, je vais te battre… »

C'était au début du mois de mai, chez Dan Franck, l'écrivain et ami d'Anne Sinclair, près du jardin du Luxembourg. Il avait réuni dans son domicile du VIe arrondissement François Hollande et Dominique Strauss-Kahn, accompagnés de leurs épouses respectives. Une fois de plus, DSK avait demandé à François Hollande de se retirer de la course.

François avait refusé une fois encore, en ajoutant cette fois :

« De toute façon, je vais te battre. »

Rupture des négociations. Quinze jours plus tard, cette rivalité n'était plus, DSK ayant disparu des radars de la rue de Solferino…

Les deux orphelins Huchon et Cambadélis n'ignorent pas cet épisode, qui les a déterminés aujourd'hui à se ranger aux côtés de Martine.

Cambadélis vient de vilipender sur son blog ceux qui ne voulaient pas de vrai combat entre les ténors socialistes, en affirmant haut et fort que la compétition des primaires n'est pas pour « les chochottes »… Ces mots sont allés droit au cœur de Pierre Moscovici, autre orphelin de la strauss-kahnie ayant, lui, rallié François Hollande, et qui s'est senti gentiment visé.

De son côté, Martine Aubry a elle aussi décidé de passer le turbo en ce vendredi matin, pour faire enfin démarrer sa campagne en commençant à cogner dur sur le camarade François. « En politique il faut savoir tuer, et Martine n'a jamais eu la main qui tremble », disait d'elle une copine d'enfance.

Elle a réuni ses coordinateurs de campagne dans un amphithéâtre de la fac de La Rochelle. La maire de Lille est visiblement émue en entendant les « Martine, présidente » que scande une foule survoltée. Elle commence par dresser son bilan et évoque à nouveau un parti malade lorsqu'elle a pris la succession de François, manière de souligner le très mauvais bilan de Hollande à la tête du Parti… Et puis, Martine s'énerve et décide de virer les journalistes présents dans cet amphithéâtre. « Ils ne devaient pas venir, c'était une réunion à huis clos. »

Dans son entourage, on va regretter très vite ce cafouillage. L'après-midi, les journalistes ironisent sur l'autre réunion prévue le soir même : « Pas la peine d'aller à l'atelier des aubrystes ce soir, on va se faire virer. »

Le *staff* de Martine, flairant la gaffe, envoie dès l'après-midi François Rousseau et Mathilde Caspéran répéter sur un mode confidentiel : « On a fait les cons. » Surtout que le camarade François est, lui, « l'ami des journalistes »…

Au moment où la Première secrétaire vire la presse sans ménagements, François Hollande passe dans les rues piétonnes de La Rochelle à proximité du port pour aller déjeuner. Il est remarqué par un groupe de militants attablé en terrasse, qui immédiatement scande « Hollande, président ! » Ce soutien-là est, lui, parfaitement spontané, si l'on en juge par le court moment d'affolement de son service de sécurité…

Dans la salle de presse et sur les écrans, c'est le rendez-vous manqué de la photo du matin qui tourne en boucle… Inlassablement… Martine est toujours en colère et elle entend bien le faire savoir à François.

Il est de tradition que le premier débat en plénière du vendredi après-midi s'ouvre sur une intervention de la Première secrétaire. Mais cette année, Martine a innové en faisant venir des supporters qui se chargent de la claque, une pratique des plus inhabituelles.

Lorsqu'elle monte sur la tribune de l'espace Encan, une immense clameur monte soudain de la salle : « Martine, présidente ! », « Tous avec Martine ! »…

À l'inverse des hourrahs destinés à François Hollande plus tôt dans les rues de La Rochelle, cet enthousiasme a été minutieusement préparé. Une initiative qui a surpris et un peu agacé jusque dans ses propres rangs. Le lendemain matin, Hubert Védrine, présent à cette table ronde, grommelle en réponse à un jeune militant qui le félicitait de ce grand succès : « Ce n'était pas facile avec tout ce bruit. On se serait cru à un meeting plutôt que dans un débat... Enfin... »

Martine cette fois pense avoir marqué des points. Mais une rumeur insistante vient glacer l'entourage de la Première secrétaire... Le *Journal du dimanche* sortirait un sondage la donnant à égalité contre Nicolas Sarkozy tandis que François Hollande le battrait... Et ce n'est qu'un début. Un autre orage va bientôt s'abattre sur Martine Aubry, qui pensait bien avoir gagné la première manche...

Ségolène et François...

Huit cents journalistes sont là ce soir. On remarque que les perches, caméras et appareils photo sont de plus en plus nombreux dès qu'un éléphant se déplace...

Ségolène réunit comme chaque année ses partisans au Musée maritime, tandis que François Hollande a investi en ville un lieu naguère prisé par DSK, l'Oratoire...

Ségolène est attendue par des partisans qui sont désormais tous en rouge. Elle porte un tailleur rouge, et ses partisans arborent tantôt un foulard rouge, tantôt un pull rouge noué autour des épaules... Le fond de l'air est rouge... L'ancienne candidate socialiste a gardé un groupe de fidèles importants. Elle est sur ses terres et elle a fait le plein. Elle se moque des sondages qui aujourd'hui la disqualifient et entend se venger de ses nombreux soutiens d'hier partis chez Martine Aubry ou chez François Hollande. Avant qu'elle n'arrive, ils sont déjà là tous là à scander : « Elle va arriver… » Ils ont de vingt-cinq à soixante-dix ans, ce sont des gens plutôt simples, qui attendent leur candidate comme le messie, qui veulent la toucher. Les journalistes, qui pourtant en ont vu d'autres, sont surpris de la ferveur qu'inspire « le chamane Ségolène ».

Dans une ambiance qui évoque davantage le renouveau charismatique que la réunion militante, Ségolène déroule son ambition et affiche une détermination sans faille. Elle est assurément au rendez-vous, tel un évangéliste galvanisant ses fervents partisans… « Donnez-moi cette force… », lance-t-elle à ses ouailles, « que j'ai déjà ! » ajoute-t-elle aussitôt. Toujours battante et sûre d'elle, Ségolène…

Une *standing ovation* de dix-sept minutes conclut ce meeting d'un nouveau genre, le tout orchestré par Françoise Degois, ancienne voix de France Inter reconvertie en groupie officielle. En 2007, elle avait obtenu la première la confidence de Ségo qu'elle avait été trompée. Elle formait alors avec Isabelle Mandreau, journaliste au *Monde*, et Ilona Morioussef, de France Info, un trio que Daniel Carton, auteur à succès du *Bien entendu c'est off*, avait égratigné en les appelant « les sœurs Brontë de la ségolénie ».

Pour tous les journalistes présents, cette ferveur militante évoque invariablement cet hiver 2006 où Ségolène avait terrassé tous ses adversaires... À l'époque, elle était portée par des sondages flatteurs. Aujourd'hui qu'ils le sont moins, elle a tout simplement résolu de ne plus y croire !

Au même moment, un homme qui, à l'inverse de Mme Ex, croit aux sondages, a décidé de réunir ses partisans. Il a des raisons d'y croire : les sondages font désormais de François Hollande, à un cheveu, le favori des primaires socialistes.

Le rendez-vous du cloître de l'Oratoire, ce vendredi 26 août, restera sans nul doute dans les annales de cette compétition socialiste. D'abord, l'entourage de François Hollande avait mobilisé ses troupes. Ils devaient être six cents... ils seront plus de mille trois cents. Les rues adjacentes débordent d'une foule compacte qui ne parvient pas à entendre le candidat Hollande et encore moins à le voir !

Un François peut en cacher un autre...

Mais tous sont là dans une ambiance bon enfant, contents de se retrouver ainsi, de se voir si nombreux...

À mesure que le candidat parle, une espèce de grâce se répand ; on la sent. Il émane de cette soirée une sorte de quiétude collective qui échappe même à Hollande sur le moment. Mais s'il devient un jour président, on dira que c'est là que les choses se sont jouées.

Serge Moati, qui filme une nouvelle chronique de campagne, joue les vieux briscards : « Cela me rappelle Bagnols-sur-Cèze en février 1981. J'étais avec Jean Lacouture et, devant la ferveur militante, on s'est dit que François allait gagner. C'est un peu la même chose. »

La nouvelle se répand dans La Rochelle comme une traînée de poudre. Tandis que Ségolène est dans son coin avec sa ferveur sectaire et que Martine est dans les choux, le soir et le lendemain La Rochelle ne parlera plus que de la soirée à l'Oratoire.

Le candidat socialiste, invité du JT de *France 2*, s'en va très vite. Ses partisans se séparent, tandis que sa garde rapprochée prend la direction du port, où une salle a été réservée chez André, une célèbre brasserie.

Chez André

Ce nom évoque invariablement une institution rochelaise dont l'architecture renvoie à l'histoire de ce port, où marchands et armateurs négociaient dans de multiples petites salles permettant de se réunir en toute discrétion…

Les plafonds sont une coque de navire retournée, le bar imite un paquebot avec sa cheminée rouge, des lampes-tempête éclairent le tout. Mais surtout, on peut à son goût entrer et sortir côté rue ou côté port…

Une double entrée pour arriver discrètement, pour s'éclipser incognito, pour éviter de croiser un ami encombrant… Bref, un lieu du secret à ciel ouvert !

Cette architecture convient parfaitement aux écuries socialistes. En 2006, à la veille des élections internes, chacune s'était isolée dans une salle différente. Il fallait toute l'habileté des maîtres d'hôtel pour passer de la salle des fabiusiens à celle des strauss-kahniens, en sachant opportunément fermer les portes pour qu'aucun mot ne puisse être entendu par un visiteur malveillant.

Cette année, à l'orée des primaires, on pouvait deviner une guerre des écuries par stalles et mangeoires interposées…

Mais François Hollande, lui, avait décidé de s'afficher au grand jour puisqu'il avait réservé la grande salle derrière le comptoir : le secret n'était pas de mise pour afficher sa détermination tranquille…

L'entourage d'Harlem Désir était quant à lui dans un coin de la pièce principale, loin des hollandais !

Mais la météo, capricieuse en cette fin d'août agitée, s'amuse à déjouer cette stratégie de l'évitement. De violentes giboulées viennent à intervalles réguliers détremper les ruelles rochelaises.

Il est 23 heures, Harlem Désir quitte côté port la brasserie et un violent orage l'oblige à attendre pour ne pas prendre de douche… Il se retrouve nez à nez avec Jean-Marie Le Guen qui lui aussi a trouvé refuge sous l'auvent de la brasserie. Debout côte à côte, ces chers camarades, qui ont tout fait pour s'éviter, ne trouvent rien à se dire. Alors, ils parlent de cette ondée qui a des allures de pluie tropicale !

La même aventure était arrivée un peu plus tôt à Montebourg et Manuel Valls, retenus sous un même préau pour échapper au déluge.

Sous l'image papier glacé, la seule chose qui oblige les socialistes, jeunes et vieux, à se parler lors de leur université d'été… c'est la crainte de la douche.

Les journalistes, mes meilleurs amis...

Samedi matin, 9 h 30, hôtel Mercure. François Hollande donne une conférence de presse... La rumeur de son succès bruit encore à toutes les oreilles du Parti. La communication de Martine ne parle que de ça. Une jeune cadre du PS au Sénat, hier rangée derrière DSK, roule aujourd'hui pour Martine Aubry... Mais elle est là pour écouter François Hollande et doit affronter les remarques ironiques d'un camarade.

« Alors tu viens jouer les Mata Hari ?

— Arrête de dire des bêtises... Claque-moi plutôt une bise, camarade. »

La mise en scène est on ne peut plus présidentielle. Un rideau couleur cuivre, un pupitre sobre et une lumière soigneusement tamisée viennent souligner son visage et ses lunettes.

Il est devant un public choisi et adoré : la presse.

François Hollande aime les journalistes. Il adore avec eux avoir quelques mots d'esprit, leur offrir une petite phrase qu'ils auront plaisir à reprendre... Bref, lors de son passage rue de Solferino, il avait ouvert les portes du Parti aux journalistes et, aujourd'hui, il continue d'être fort peu protocolaire et accessible, comme pouvait l'être en son temps Jacques Chirac !

Le succès de la veille à l'Oratoire est dans toutes les têtes, y compris dans celle de François

Hollande. Il entame son discours par une phrase soigneusement méditée qui résonne d'une tonalité sacrificielle :

« Dans la position qui est la mienne… J'ai un devoir supérieur… »

Des mots et une syntaxe clairement à l'appui d'une stratégie. Olivier Faure répète à qui veut l'entendre que l'on doit regarder désormais François Hollande comme un homme qui peut battre Nicolas Sarkozy.

Dans l'entourage de Martine, on ironise : « François joue à être président, sans doute parce qu'il n'a jamais été ministre… » Pourtant, si son *staff* se montre volontiers cinglant, Martine joue la camarade loyale. Elle viendra à la table ronde sur la croissance de François Hollande… qui viendra l'embrasser. Elle le fera aussi pour Ségolène, qui, elle, choisira de l'ignorer !

Mais rien en revanche pour les « jeunes-turcs » du Parti, Manuel Valls et Arnaud Montebourg. « Montebourg, cela ne vaut pas un pet de cidre », avait coutume de dire en privé la maire de Lille… Elle le prouve en l'ignorant tout au long de cette compétition. Illustrant ainsi une fois de plus que la génération post-éléphants n'a jamais réussi à percer dans un parti qui refuse de rajeunir. Comble d'ironie, les pancartes de la photo finale, où enfin les camarades sont réunis, affichent les mots

« Génération changement ». On voudrait bien savoir laquelle...

Pour le dernier point presse, Martine enfonce le clou : « J'ai dit *nous*, cette fois je dis *je*, et je dirai *nous* avec le peuple de France. » Voilà, c'est fini, lâchez-moi les baskets : pète-sec, Martine. Elle détourne la tête, montre ostensiblement son dos aux journalistes, et l'on se dit qu'elle vient encore de se faire des amis.

Là-dessus, tout le monde dans le car, sauf Hollande qui, lui, va chercher son train. Il s'est isolé à l'entrée en manquant la photo, il s'isole à la sortie. Un destin présidentiel se dessine-t-il déjà pour François ?

En attendant, dans le TGV qui le ramène de La Rochelle, il y a du tangage du côté de son *staff*. L'ivresse de la victoire commence à gagner les têtes ; Thierry Lajoie est d'ailleurs pratiquement marginalisé depuis qu'il a suggéré à François de devenir demain son Jacques Attali à lui.

Mais surtout, Hollande découvre qu'il existe une vraie rivalité entre Vincent Peillon et Pierre Mosco-vici, ces deux ralliés de la strauss-kahnie. À l'heure de La Rochelle, Vincent Peillon, jaloux de Mosco, fait la tête et a séché ce rendez-vous rochelais. Mais comme le dit Frédéric Monteil, collaborateur du candidat Hollande à quelques journalistes : « C'est un peu Vincent qui pleure et Pierre qui rit. Mais cela pourrait bien changer car en réalité Vincent pèse plus lourd que Pierre dans le Parti… Et pour les primaires, ça compte ! » Et il ajoute, tout en vantant ses origines corréziennes : « Mosco n'a pas compris que lorsqu'on a tout donné, on n'a plus rien à vendre… »

Cette petite phrase énigmatique dissimule un profond cynisme d'appareil. En effet, après la chute de DSK, Mosco s'était rallié très vite, après avoir prétendu être candidat. Peillon pour sa part avait déclaré qu'il ne choisirait personne, disant en substance : « On va gâcher nos meilleurs lieutenants et on sera cramés, alors autant rester en dehors. »

Mais Moscovici ayant amené à Hollande de nombreux députés favorables à DSK, et ayant reçu le porte-parolat en récompense, Peillon a vite compris qu'il allait regarder passer les trains. Du coup, demi-tour droite, il a décidé de soutenir Hollande, dont il avait été le porte-parole lors de son secrétariat à la tête du Parti.

Désormais, le réseau de Vincent Peillon reste à prendre, d'autant plus précieux pour la campagne que c'est un réseau d'appareil. Moscovici a déjà tout donné, c'est donc Peillon qui va être courtisé à son tour. Au détriment sans doute du premier, éternel dandy solitaire et au final floué.

D'ailleurs, dans ce train de retour, c'est vraiment la fête à Mosco : un militant de Franche-Comté soutient qu'il n'aura pas l'investiture de sa propre section de Montbéliard pour les prochaines législatives, ce qui signifie en clair que le Parti prépare un candidat dissident. Mosco aura encore le temps de flâner au Flore…

« On va mettre le turbo… On frise l'imposture »

De retour de La Rochelle et après avoir constaté combien la stratégie de François Hollande semblait payante dans les médias, François Lamy, le plus proche conseiller de Martine, est catégorique : « On va mettre le turbo… On ne va pas se laisser faire par un homme qui a mis le Parti à genoux et qui n'a jamais été aux affaires. On frise l'imposture. »

Le turbo sera mis dès le lendemain lorsque Martine viendra défier le ministre de l'Intérieur, Claude Guéant, venu installer un nouveau préfet à Marseille, en se rendant dans la cité phocéenne. Cette initiative est immédiatement commentée par François Rebsamen, le monsieur sécurité du PS et surtout très proche de François Hollande :

« Cela ne change rien… Elle s'agite parce qu'elle est en retard dans les sondages ! »

Mais surtout ce voyage vient souligner s'il en était besoin la grande motivation de Martine Aubry à rentrer dans la compétition et à tordre le cou aux rumeurs qui rappellent inlassablement qu'elle n'a pas envie d'y aller, qu'elle n'est en réalité qu'une candidate par défaut.

Mais Martine s'est à peine posée dans le TGV qui la ramène de Marseille que Benoît Hamon l'appelle. Son porte-parole lui fait part d'une longue discussion qu'il a eue avec Henri Emmanuelli. Le député des Landes lui a souligné le décalage qui existe chez les militants entre Paris et la province. « À Paris, on n'entend jamais le refrain du Plus à gauche nécessaire pour le Parti, mais en province, on n'entend que cela. Et la crise n'a fait que radicaliser cela. » Benoît Hamon, en politique affûté, comprend tout de suite que Martine doit donner des gages aux électeurs de gauche avant la primaire. Si le fait d'aller défier Nicolas Sarkozy et Claude Guéant était nécessaire, il faut aussi solder ses comptes avec celui qui a pourri le printemps et l'été des socialistes : DSK.

Le lendemain, Martine, invitée du *Grand Journal* de Canal Plus, va pour la première fois se montrer compréhensive sur le doute qui a pu naître dans l'électorat de gauche autour de la personnalité de DSK. Tout l'été, on a appris ses multiples liaisons, son libertinage, son aisance indécente avec l'argent… Et cela a quelque peu perturbé le militant de gauche de base… Martine décide d'entonner un couplet féministe pour souligner à quel point elle est choquée de l'attitude de Dominique envers les femmes, au moment même où il revient en France.

Lorsqu'il a entendu cette petite phrase pleine de compassion pour le camarade Dominique, Jean-Christophe Cambadélis, qui regardait le *Grand Journal* de Michel Denisot chez lui, a failli avaler de travers son scotch et ses cacahuètes... Pis, il ne décolère pas. Le lendemain, il glissera à un camarade strauss-kahnien passé chez Hollande : « Dominique a été très touché du soutien sans faille de Martine au moment où il rentrait... » Voilà Martine prévenue, elle vient d'ouvrir un nouveau front, cette fois contre les amis de DSK.

Elle avait déjà eu du mal à avoir tous les soutiens. Gilles Finchelstein, le patron de la fondation Jean-Jaurès et plus proche collaborateur de DSK, a choisi de ne pas choisir et de se retrancher derrière sa fondation. Avec sa voix douce, il est encore plus clair : « On ne va pas soutenir un candidat plutôt qu'un autre... On ne va pas entrer dans un combat où l'on discerne mal les oppositions. On va mettre sur la table nos travaux, nos recommandations et les différents candidats pourront se servir. »

Ce soutien lointain s'explique sans doute par les divisions des amis de Dominique au soir du 14 mai, mais la petite phrase de Martine pourrait demain peser lourd, d'autant qu'il se murmure que le camarade DSK s'apprêterait à parler et qu'une batterie de mauvais sondages doit être publiée.

6.

EN SEPTEMBRE,
IL FAIT BON ÊTRE TOUT LE JOUR
DANS LA CAMPAGNE

L'avantage avec le PS, c'est qu'on n'est jamais à court de parrains, et que leur feuilleton ne finit jamais. Une fois c'est Marseille, le lendemain l'Hérault… où officiait le très regretté Georges Frêche.

Le 8 septembre, Jean-Noël Guérini est mis en examen pour « association de malfaiteurs ». Lequel Guérini, après avoir tempêté encore une fois (« On n'était pas obligé de fournir le feuilleton de l'été ! »), déclare, au grand soulagement de ses camarades, qu'il va se mettre en « congé » du Parti.

Ça fait tout de même désordre. Pour l'entourage d'Aubry, c'est la faute à François, quand il était secrétaire : « En dix ans, aucun travail de rénovation n'a été réalisé là-bas. Les faits se sont déroulés pendant que François Hollande était Premier secrétaire », attaque un secrétaire national proche de la maire de Lille.

« On dit qu'il [Guérini] me soutient, mais moi je ne lui ai rien demandé », déclare ingénument Martine. Sur quoi Arnaud Montebourg passe illico à la contre-attaque : « Avec une direction qui a fait l'autruche, il ne faut pas se plaindre que l'histoire les rattrape. Nous aurions aimé entendre de telles paroles il y a un an. »

Si Martine est tenue par le parrain Guérini qui lui a fait gagner le secrétariat du Parti, le mois de septembre va révéler que son concurrent favori, François, n'a pas moins besoin de son propre parrain...

Celui-là s'appelle Robert Navarro, et il est le patron de la fédération de l'Hérault, l'ancien homme lige de Georges Frêche, disparu voilà quelques mois. À La Rochelle, Hollande a intégré à son équipe de campagne cet ancien guichetier de la SNCF, pour le charger – expérience oblige ! – des transports. Mouvement à la fois nécessaire et risqué, car si Navarro apporte les voix d'une fédération, il traîne aussi quelques casseroles retentissantes qui sont justement en train de ressortir... Ce que ne manquent pas de souligner fort aimablement ses petits camarades : « Hollande a fait une énorme erreur. Il attend que tombent dans son escarcelle les voix que lui rabat Navarro. Mais Navarro ne va pas tarder à être convoqué par la justice, c'est en tout cas ce qu'on me dit », affirme un soutien de Martine.

Robert et Holga

À La Rochelle, Robert Navarro était venu participer à la réunion des mandataires de François Hollande, mais hors de l'enceinte de l'université d'été du PS... L'entrée de cette dernière lui étant interdite, puisqu'il est exclu du Parti, bien qu'il en soit resté sénateur. Arrière-cuisines des socialistes... Après quoi, il était allé faire un tour à l'île de Ré pour y disputer une pétanque entre amis, plutôt que d'affronter le service d'ordre du PS.

Le sénateur Navarro n'a jamais fait mystère de sa proximité avec l'ancien patron du PS. Il soutient Hollande depuis 2009 et a lancé en juillet, avec des amis, une association baptisée « Holga ». Un sigle qui signifie : « Hollande ose la gauche autrement. » Le siège social d'Holga se trouve à Montpellier, dans le tranquille quartier des Aubes. La propriété assez vaste et luxueuse s'appelle *Mon Domino*. C'est la résidence de Robert Navarro, ancien Premier secrétaire général de la fédération du Parti socialiste de l'Hérault.

Lorsqu'au mois d'avril, à l'époque des audiences de la commission, Jean-Noël Guérini était monté à la capitale pour plaider sa cause et fustiger le camarade Montebourg et ses méthodes, il faisait valoir l'exception marseillaise.

Mais il n'ignorait pas par ailleurs que son camarade Robert Navarro, patron de l'Hérault, était lui aussi en proie à quelques investigations encombrantes. Or, pour Guérini, la meilleure défense, c'est l'attaque. Il était donc monté à la capitale avec des éléments contre Navarro, en disant en clair à ses camarades : « On ne peut pas faire deux poids, deux mesures ; vous me cherchez des poux dans la tonsure, allez donc voir ce qui se passe chez Navarro. »

Grand embarras de Martine Aubry. En effet, même s'ils ne soutiennent pas le même ténor, les deux cas Jean-Noël Guérini et Robert Navarro sont difficilement dissociables, comme à l'époque où ils étaient fabiusiens. « Il ne faudrait pas que la chute de l'un entraîne la chute de l'autre », glissait alors un proche de Robert Navarro. Mais la chute de l'autre est venue toute seule, sans l'aide de son camarade Guérini.

La Première secrétaire s'était jusque-là volontiers attribué un rôle de mère courage dans la chasse aux sorcières et aux malversations. Ainsi, elle avait présidé à l'exclusion de Georges Frêche. Mais c'était pourtant Navarro lui-même, alors maire de Montpellier, qui avait été sanctionné, plutôt que les pratiques générales du Parti.

Fin 2009, en effet, Martine Aubry avait décidé de faire le propre sur les pratiques de la fédération de l'Hérault, et chargé une direction collégiale de démêler le vrai du faux... Vaste programme.

Dans le Sud, on peut avoir tendance à la galéjade. C'est ce qu'allaient constater les hiérarques de la capitale descendus pour jouer les Eliott Ness dans le Far West héraultais.

Robert Navarro revendiquait alors haut et fort plus de cinq mille cinq cents adhérents... Les fins limiers parisiens en comptabilisent environ deux mille à jour de cotisations, avant de découvrir, à la faveur de courriers revenus avec la mention « n'habite pas à l'adresse indiquée », qu'ils étaient en réalité un peu moins de mille cinq cents !

Comme le souligne non sans malice Jean-Pierre Mignard, vieux routier du PS et ancien fan de Ségolène : « Tous les scrutins de ces dernières années ont été truqués. » L'affirmation tient de la lapalissade – une situation qui promet à la veille des primaires.

Lorsque Martine Aubry prend connaissance à l'époque du rapport remis par la « direction collégiale », elle décide de porter plainte contre Robert Navarro pour abus de confiance, car, à la vue des éléments contenus le dossier, comme le dit ce proche de Martine, « c'est du lourd ». Effectivement, on découvre avec étonnement que le brave Robert avait une fâcheuse habitude à se mélanger les cartes bleues quand il s'agissait de dégainer à la dépense !

Ainsi, lorsqu'il était parlementaire européen, la fédération a pris en charge tous ses frais de déplacement et d'hébergement alors qu'ils étaient déjà remboursés par Bruxelles...

Sous l'impulsion de Robert, la fédération PS de l'Hérault s'était transformée en agence de voyages : Malte, Budapest, Marrakech, logement en Relais Châteaux... Rien n'était trop beau pour Robert et ses proches. Une addition de près de 110 000 euros...

Au mois de septembre, quelques jours à peine après son intégration à l'équipe de campagne de Hollande, le dossier vient s'alourdir de consommations irraisonnées de pizzas régulièrement commandées à un camarade du coin – pour la somme malgré tout rondelette de 42 000 euros. Navarro se défend, en fustigeant « les bassesses » de ceux qui le critiquent aujourd'hui « mais qui, ajoute-t-il avec candeur, ont mangé les pizzas avec nous ». À quoi vient bientôt s'ajouter un inventaire à la Prévert : une pendule, une cafetière avec café... Mais aussi des sièges, des armoires, un mini-frigo : 1 000 euros par-ci, 600 par-là... Et pour finir, un journal en quadrichromie, entièrement financé par la fédération héraultaise.

« Ici, les gens qui dirigeaient le Parti se sont servis pendant des années. Ils ont confondu leur propre compte bancaire avec l'argent des socialistes », explique Pascale Boistard, secrétaire nationale du PS, que Paris avait un temps expédiée dans le Sud pour y exercer la tutelle.

Certes, on est loin des accusations d'« association de malfaiteurs » qui pèsent sur Jean-Noël Guérini à Marseille, et par rapport aux valises africaines qui sont en train de plomber l'UMP, ce sont des broutilles. Mais, enfin, pourquoi une telle insistance de François Hollande à s'acoquiner avec « l'ami Robert » ?

Réponse d'un très proche du candidat à la primaire, qui tient à l'anonymat : « À l'époque, Robert nous a tannés en disant qu'il conservait intacts tous les réseaux de mobilisation du Parti en Languedoc-Roussillon. C'est aussi un ami, et nous n'avons pas vu en lui une petite grenade dégoupillée... Maintenant, on va voir comment il s'explique et ce que la justice a à dire. »

Ce que la justice a à dire, quelques jours plus tard, c'est une obscure histoire d'ordinateurs vidés, d'organigrammes emballés dans des malles et mis à l'abri. Une accumulation qui a peut-être fini par échauder un brin le candidat qui fait la course en tête.

En effet, le 21 septembre, François Hollande, qui était attendu à Montpellier, annonce qu'il ne viendra pas, « pour mieux coordonner son agenda », dit-il. Mais, assure Navarro, « il sera là début octobre, il me l'a assuré, et nous lui organiserons un grand meeting avec des milliers de personnes ». Avant d'ajouter : « On va faire gagner Hollande contre la direction du Parti, comme on a fait gagner Frêche en son temps. »

Tout un programme, qui a au moins le mérite d'être clair ! Et à suivre de près, car si les deux candidats se tiennent par la barbichette, chacun avec sa fédération pourrie, il ne fait pas de doute que ces encombrants barons ressortiront lors de la véritable campagne de la présidentielle, cette fois comme des grenades dégoupillées entre les mains de l'UMP.

La Corrèze

La Corrèze, ce n'est pas le Zambèze, chantait Bobby Lapointe...

Ce n'est certes pas le Zambèze, mais c'est loin quand même... Ce qui n'a pas empêché cette terre enclavée de fabriquer des présidents... Le dernier en date étant Jacques Chirac qui, sous le coup de l'humour corrézien, a dit tout le bien qu'il pensait du candidat Hollande...

Cette « plaisanterie corrézienne » n'a pas du tout fait rire notre président Sarkozy, qui s'est écrié en privé : « Jacques Chirac se fout de notre gueule. On vient de le dépêtrer des affaires de la ville de Paris en payant Delanoë… Et voilà comment il nous remercie. »

Aussitôt, Nicolas Sarkozy fait appeler Bernadette, qui elle aussi s'étrangle devant la sortie de son mari. Il s'agit à présent de démentir ces propos qui pourraient semer le trouble dans les esprits nostalgiques du grand Jacques… C'est Frédéric Salat-Barroux, gendre de l'ex-président, qui s'y colle. On le charge de trouver la parade pour ne pas désavouer la parole de l'ex-président tout en satisfaisant l'hôte actuel de l'Élysée… C'est ainsi que naît l'idée de l'humour corrézien. Une sortie peu convaincante et qui en sous-texte montre tout le bien que pense le grand Jacques du petit Nicolas… Signe de ce désamour, une rumeur persistante parcourra les notables corréziens : « Si François est élu, il pourrait faire entrer au gouvernement Frédéric Salat-Barroux… »

Pour le moment, l'aspirant-président est venu respirer un peu d'air frais de la France profonde pour échapper sans doute au climat délétère des fédérations… François Hollande est à l'aise… Il a la poignée de mains facile, tutoie les Corréziens qui ont réussi dans la capitale, de Denis Tillinac à Patrick Sébastien… La Corrèze chiraquienne a rendez-vous ce week-end de début septembre au

Lonzac, village perdu sur le plateau corrézien entre Tulle et Brive.

Voilà plusieurs années que se tient ce « Davos de la Corrèze », une table ronde organisée autour d'un thème dans une ambiance singulière sous l'ancienne halle du marché. Autrefois, on négociait entre maquignons, aujourd'hui on débat entre anciens et futurs courtisans… Notre candidat laboureur a un mot aimable pour chacun et n'hésite pas à serrer des mains et des mains, à l'instar de son illustre aîné. Comme aime le dire l'un de ses proches, Laurent Oléon : « Parfois, il se chiraquise… » Le candidat socialiste qui drague l'électeur de droite corrézien devait débattre avec la ministre Jeannette Bougrab. Une absence de dernière minute a laissé penser que l'Élysée lui avait formellement interdit d'aller à la rencontre de ces Corréziens prêts à soutenir Hollande après avoir été des fidèles lieutenants de Jacques Chirac…

À défaut, le candidat bavarde avec Bruno Gaccio et Pierre Lescure, qu'il retrouvera deux jours plus tard à Paris.

Une brève respiration champêtre pour Hollande, un court passage en revue des tribus : des Corréziens chiraquiens aux germanopratins…

Cette fois, lors de l'avant-première du film de la réalisatrice libanaise Nadine Labaki, *Maintenant on va où ?*, il est invité à monter sur scène. Et là encore, le tutoiement est de rigueur. Michel Piccoli est là aux côtés de Denis Podalydès... La gauche a ressorti ses compagnons de route. Mais c'est déjà l'heure de la grande épreuve de la mi-septembre : la rentrée commence.

Le 15 septembre...

Tous nos candidats aux primaires ont connu ce 15 septembre, qui sonnait autrefois comme celui de la rentrée des classes. Aujourd'hui, les enfants ont repris le chemin de l'école depuis quelques jours déjà, et les socialistes reprennent celui des primaires avec un débat qui marque l'entrée dans le vif de cette compétition, que l'on s'attend à voir déraper à tout moment vers une guerre fratricide.

Tout a pourtant été pensé pour éviter les passes d'armes et un pugilat qui fragiliserait le Parti avant 2012. Harlem Désir s'est démené pour satisfaire les exigences des différentes parties en présence. Martine Aubry et François Hollande se sont montrés accommodants. Manuel Valls et Arnaud Montebourg, pour leur part, tenaient à s'assurer d'un partage bien tranché entre l'exposé et le débat... au demeurant bien convaincus l'un et l'autre qu'une incroyable tribune leur était offerte. Ségolène Royal s'est montrée la plus rétive à se mettre au diapason des règles communes. Dans l'entourage de Martine, on craignait Ségolène et tout avait été fait pour qu'elle ne puisse pas se sentir flouée.

« C'est sûr, Ségolène est minimisée dans les sondages. Ensuite, c'est une redoutable débatteuse. Mais il est certain qu'elle n'a jamais aimé se couler dans un moule. »

Ce premier débat a été l'objet de toutes les attentions de ses différents acteurs. Le matin même, l'ancien présentateur du journal télévisé Claude Sérillon était venu au domicile de François Hollande dans le XVe arrondissement de Paris pour préparer le débat.

De leur côté, Martine Aubry comme Ségolène Royal avaient choisi de se plonger dans leurs dossiers…

Lorsque Harlem Désir s'était entretenu avec ses petits camarades, il avait été décidé de limiter l'entourage de chaque candidat. En clair, il fallait éviter à tout prix de voir débarquer chacun avec son armada respective de conseillers et de camarades…

Le *staff* de Martine Aubry s'était donc réfugié dans un grand café derrière la Bourse, Le Cardinal.

Comme pour lui faire écho et se mettre à son service, c'est aux Mousquetaires, un café proche de Montparnasse, que Pierre Moscovici, Michel Sapin et Bruno le Roux, supporters de François Hollande, avaient élu domicile.

On notait une grande fébrilité chez les hollandais… Les cadors socialistes qui soutiennent l'ancien Premier secrétaire sont agglutinés devant les écrans disposés dans la grande salle. Pour eux, François incarne une chance d'accéder aux responsabilités. Pierre Moscovici continue toujours de se rêver Premier ministre, tandis qu'on retrouve autour du buffet les simples militants.

Dans ce QG des hollandais, tout le monde constate avec étonnement l'atonie de Ségolène Royal. La plupart ignorent la stratégie déployée par son ancien compagnon pour la fragiliser… et qui explique le mutisme de l'ancienne candidate.

Lorsque Ségolène arrive à France Télévisions, François Hollande n'est pas encore là…

Arnaud Montebourg et Manuel Valls sont déjà maquillés. On attend François et Arnaud plaisante : « Il se prend vraiment pour Mitterrand, il est même en retard. »

Ce qui devient une véritable habitude – voire un truc de campagne.

François Hollande arrive enfin. Il est accompagné de Valérie Trierweiler, sa nouvelle compagne, qui croise dans le couloir Ségolène Royal. Tout devient glacial…

Ségolène et François, la famille royale de Hollande, comme on dit dans l'entourage… Les méandres de ce couple singulier avaient pris en otage le PS lors de la dernière élection présidentielle.

On pourrait croire que, désormais, les choses sont plus simples, mais il n'en est rien. Ségolène goûte assez peu que son ex se répande dans la presse pour dire qu'il a « enfin trouvé le bonheur »… Et puis, Ségolène est seule, son compagnon est parti… Comme le dit cette élue proche de François Hollande avec un brin de solidarité féminine : « Ségolène est seule et il faut dire que c'est difficile pour une femme de plus de cinquante ans de rester seule ! »

Cinq ans après leur séparation et compte tenu de leurs situations respectives, cet échange de regards et l'ambiance lourde qui s'est immédiatement installée laissent clairement deviner que rien entre eux n'est encore apaisé… (À l'époque, Ségo avait jeté François dehors, et c'est dans les trois cents mètres carrés de son ami Jean-Pierre Jouyet, président de l'Autorité des marchés financiers, qu'il avait trouvé refuge.) La tension est palpable quand les différents candidats entrent sur le plateau. Pour ce terrible exercice de vendeurs d'aspirateurs, chaque geste compte, chaque intonation, et ils le savent tous, ces vieux routiers de la politique. Les candidats prennent place, les entourages restent en retrait dans le champ de vision de leurs poulains respectifs, pour lui faire quelques signes et le soutenir si nécessaire.

C'est le moment que choisit la compagne de François Hollande pour se mettre en face de Ségolène Royal et rester à tout moment dans son champ de vision…

Le soir même, Ségolène Royal sera considérée comme la perdante de ce premier débat, elle si redoutée par ses concurrents socialistes…

À l'issue du débat, signe ultime de la tension entre les deux ex, François Hollande viendra claquer la bise à Martine Aubry avant de… serrer la main de Ségolène Royal.

Un retour sous haute surveillance

Si le couple Hollande-Royal est hanté par son passé qui perturba la campagne présidentielle de 2007, les socialistes seront condamnés à un douloureux retour en arrière quelques jours plus tard avec la prestation de DSK sur le plateau de Claire Chazal.

En réalité, il a été convenu avec ses communicants – les mousquetaires qui viennent de reprendre du service – qu'il ne doit pas parler des primaires, et encore moins de Martine Aubry. Comme le dit Gilles Finchelstein : « Dominique sait depuis longtemps que Martine n'avait pas envie d'y aller. Elle était venue le lui dire à Marrakech à l'automne 2010. Ils en avaient discuté, et

Dominique lui avait fait part de ses intentions, en ajoutant : tu continues à faire comme si... Et Martine avait laissé ses partisans continuer à y croire pour protéger Dominique. »

C'était l'époque où, sur les antennes de Radio Classique, Martine Aubry avait déclaré qu'elle aimerait récupérer la rue de Valois – le ministère de la Culture – si la gauche revenait aux affaires !

C'est aussi l'époque où Martine tombe malade à plusieurs reprises et demande à Ségolène Royal d'aller à sa place sur les plateaux de télévision. À ce moment-là, Ségolène n'existait plus et Martine Aubry lui offrait un boulevard pour revenir dans l'arène publique.

Résultat, Ségolène profite de ce moment de flou et elle en tire les conséquences. Ayant en outre le sentiment de se sentir enfermée, la présidente de la région Poitou se lance à son tour dans la course à l'échalote socialiste.

Ségolène est donc partie, mais ses débuts de campagne ont d'abord pour elle été l'occasion de découvrir l'étendue de son isolement qui se confir-mera quelques temps plus tard avec un tonitruant 6 % !

Mais une fois encore, Dominique va pourrir la campagne de sa camarade Martine, bien involon-tairement. Martine Aubry s'était pourtant montrée très fidèle à DSK lorsqu'il était assigné à résidence à TriBeCa. Plusieurs coups de téléphone, une vraie présence au moment où de nombreux camarades commençaient à jouer perso en quittant le navire strauss-kahnien.

Anne Sinclair suit la prestation de son mari en compagnie d'Anne Hommel et de Gilles Finchelstein, et lorsque DSK laisse clairement entendre que Martine Aubry est une candidate par défaut (« il y avait un pacte, oui »), chacun comprend qu'il évoque sa candidature et le fameux pacte de Marrakech. « C'est une vraie connerie ! » répètent en chœur les plus proches collaborateurs de Dominique Strauss-Kahn. Du côté des supporters de Martine, on fait mine de banaliser mais en privé, on est plus furieux.

« Il va nous pourrir la campagne jusqu'au bout ! »

« Ce n'est pas la peine d'avoir une armada de conseillers pour nous faire envoyer une telle boulette. Je croyais qu'il ne devait pas parler des primaires ! »

François Lamy, Laurent Fabius, Marilyse Lebranchu, chacun y va de sa petite phrase en toute camaraderie. Les portables sonnent immédiatement pour établir un contre-feu à la boulette de DSK.

Un brin philosophe, et parce que cela minimise la bévue de son ami et champion, Gilles

Finchelstein conclut : « Martine a tort... Il aurait été plus simple pour elle de parler... La vérité est parfois la meilleure des défenses ! »

$$7.$$

« SÈME À LA SAINT-FRANÇOIS,
SI TU VEUX QUE TON GRAIN AIT DU POIDS. »

« Enfin, on y est ! »

C'est le cri du cœur pour ce vieux militant de Belleville, suivi d'un long soupir. On est le 9 octobre. Les militants sont soulagés d'être arrivés à la fin de ces rocambolesques primaires sans trop de bobos, et les appétits s'ouvrent pour un autre combat, celui qu'il faudra mener contre Nicolas Sarkozy.

Rue de Solferino, l'angoisse est palpable dès le matin. Harlem Désir boude son petit déjeuner lors de la première réunion à 9 heures du matin. Chacun est inquiet : c'est une première qui ne doit pas échouer, sous peine de ridiculiser le Parti tout entier.

Dès 11 heures, les premiers coups de fil des militants sur le terrain sont rassurants. Il y a du monde, on fait la queue dans tous les bureaux.

À 14 heures, Harlem n'y tient plus : devançant les chiffres, il lance un communiqué claironnant le million d'électeurs.

Christophe Borgel reste plus prudent. Mais à 16 heures, il n'hésite plus à évoquer 1,8 million d'électeurs. Un journaliste lui fait remarquer que d'habitude, « il faut compter sur le double de la mi-journée ». Mais les socialistes ont été plusieurs fois échaudés depuis le mois de mai, et Borgel refuse de s'avancer : « On ne connaît pas le corps électoral. Il faut se garder de tout triomphalisme. »

Sa prudence ne l'empêche pas, comme tous ses congénères de la direction, de plastronner devant les militants. Si ces aubrystes sont ravis de dire que les primaires ont marché « au-delà de leurs espérances les plus secrètes », avec 2,5 millions de votants, ils se demandent néanmoins à qui peuvent bien aller ces fameux votes ! Et là, ils sont dans le brouillard le plus total. Borgel garde tout son sang-froid, ne laissant rien deviner de ses appréhensions quand il apprend que l'on vient de faire imprimer à la hâte cinquante mille bulletins supplémentaires pour pouvoir répondre à la demande. Ce succès inespéré aurait pu être source de désordre. Mais Martine est rassurée, tout s'est bien passé... La maison Solferino est bien tenue. Et elle a même prévu un buffet plutôt fourni pour les journalistes, nombreux dans la cour de Solferino.

Martine n'est pas là. Elle est à la questure de l'Assemblée nationale, chez sa copine Marylise Lebranchu. François, lui, reçoit dans son domicile du XVe arrondissement : Michel Sapin, Pierre Moscovici...

Bruno Le Roux, un proche de Hollande, ne bouge pas une oreille. Il est affecté à la surveillance, rue de Solferino, où a lieu la centralisation des votes, et il ne lâche pas son poste un instant. Au PS, en période d'élections, on n'est jamais trop prudent...

Chaque écurie se retrouve. Les supporters de François Hollande comme de Martine Aubry sont à quelques mètres du siège du PS. Le premier a choisi la maison de l'Amérique latine (« c'est chez moi, ici ») tandis Martine Aubry, fidèle à ses habitudes nautiques, a installé ses partisans sur une péniche face au musée d'Orsay.

Rue de Solferino, on a couvert la cour pour éviter que la pluie ne vienne perturber cette soirée. À l'étage, dans une salle exiguë, des ordinateurs crachent des chiffres sous l'œil attentif de militants représentant chacun des candidats...

Les partisans de Martine Aubry pavoisent devant ce succès. Benoît Hamon, Christophe Borgel, Razzy Hammady sont là pour parader devant les journalistes. Aurélie Filippetti, qui soutient François Hollande, vient faire un tour mais s'éclipse très vite. Il n'en faut pas plus pour qu'aussitôt une rumeur se répande sur un succès possible de l'ancienne Première secrétaire, Martine Aubry. Henri Weber prend des allures de vieux sage : « On fait semblant, mais la réalité, c'est qu'on ne sait rien, strictement rien. »

En effet les chiffres lancés par les ordinateurs ne sont que ceux de la participation. On devait avoir une estimation vers 17 h 30, mais il est presque 19 heures et ce chiffre n'est toujours pas tombé !

À 19 h 10, les ordinateurs ne donnent toujours rien, mais les portables fument. Chez Ségolène, on sait déjà que la soirée s'annonce extrêmement mauvaise. Des assesseurs d'une petite centaine de bureaux ont été priés d'appeler l'ancienne candidate de 2007 pour donner la tendance des cent premiers bulletins de vote dépouillés.

Toutes les écuries découvrent ces chiffres en même temps. Ségolène comprend illico l'étendue de sa défaite et décide d'aller rue de Solferino pour y prendre la parole avant Harlem Désir...

Alors que le Premier secrétaire par intérim s'apprête à parler, on sent un flottement soudain... Un mouvement agite le service de sécurité... Ségolène arrive ! Il faudra toute la sagesse de ses collaborateurs pour la convaincre de renoncer... Soutenue par la rumeur qui va en s'amplifiant d'un résultat proprement désastreux.

Chez Martine, on se réjouit au contraire : on craignait d'avoir plus de dix points de retard sur François... Mais, dans son entourage, on est moins optimiste. Razzy Hammadi s'entretient avec Christophe Borgel dans un couloir du siège du Parti : « Il faut que Martine n'ait pas plus de huit points de retard... Arnaud est très haut et ça, c'est bon pour nous même s'il soutiendra François... »

Là-dessus, à 21 h 30, coup de théâtre : Bruno Le Roux vient dire aux journalistes qu'on n'aura pas de résultats. Victimes de leur succès, les serveurs et ordinateurs ont faibli sous la surchauffe. Il n'y a pas pour l'instant d'alerte à la fraude, mais déjà les soupçons s'expriment. En clair, il ne faut pas que l'écart soit trop inférieur à ce qu'il était avant la panne, sinon on aurait des raisons de douter. La confiance règne...

Martine ne viendra pas rue de Solferino, elle restera avec ses camarades à sabler le champagne pour une glorieuse défaite sur sa péniche – ce qui lui évitera d'entendre Razzy Hammadi, qui a en charge les services publics au Parti et qui soutient depuis le début sa candidature, préparer déjà son ralliement à François.

Razzy a des raisons de fulminer contre ce premier tour. Avec quelques autres, il avait tout fait pour pousser Benoît Hamon à être candidat pour contrer Arnaud Montebourg. Hamon les a soutenus comme la corde soutient le pendu, et Razzy et ses camarades ont vu le flanc gauche du parti capté par l'impétueux Montebourg !

Au téléphone avec un élu, il est on ne peut plus clair : « C'est perdu… Elle a trop de retard… Huit points, c'était un maximum… Et elle en a huit et demi ! »

Pourtant, chez François aussi, on est déçu. Lorsque Vincent Peillon vient l'accueillir à la maison de l'Amérique latine, il croise Thierry Lajoie, conseiller politique de Hollande, qui est très clair sur la contre-performance de son champion. Pour lui, François devait être au-dessus des 40 %, mais la petite phrase de Martine sur la gauche molle a fait mouche.

« On a fait une campagne de merde et la dynamique a été pour eux tout le long. Il faut que François descende de son olympe et mette les mains dans la merde si on veut casser leur dynamique ! » Il y a de la fébrilité dans l'air : on redoute en effet de mauvais reports, alors que François n'a pas atteint 40 %.

Depuis quelques jours, les hollandais rêvaient d'un premier tour qui permette de se dispenser d'un second tour, tant la victoire aurait été proche. Un scénario qui faisait rire les cadors du Parti :

« François n'a qu'à s'autoproclamer, ce sera plus simple », ironisait même Martine...

C'est ce scénario rêvé et malgré tout assez peu crédible qui vient de s'écrouler. L'ambiance est morose. Pierre Lescure, la journaliste Valérie Lecasble ou Benjamin Biolay sont là. Mais tout cela sent la déprime... Il n'y a guère que Jean-Michel Ribes qui reste hilare, filmant tout le discours de son champion avec son téléphone portable.

Mais, pour le véritable drame de la soirée, il faut aller voir un peu plus loin, boulevard Saint-Germain. Au QG de Ségolène, c'est la catastrophe... Ségolène pleure, entourée des amis fidèles... La madone est à terre... L'heure n'est pas encore aux règlements de comptes et aux explications sur ce rendez-vous manqué.

Pascal Tallon, Sophie Bouchet-Petersen la réconfortent... Tous s'affairent à éponger les larmes de Ségolène, même si certains d'entre eux ont voté pour François ! Ses enfants sont là également. Thomas, qui officiellement s'occupe d'Internet pour son père François, est venu lui aussi. Il faut dire que les déclarations de papa sur sa compagne Valérie Trierweiler ne passent pas...

Comme le dit un proche : « Lire dans la presse que le plus beau jour de sa vie pour leur père est sa rencontre avec leur belle-mère, c'est un peu violent et parfaitement indélicat... » Une indélicatesse qui leur a fait déserter les salons de la maison de l'Amérique latine pour se retrouver auprès de leur mère…

Dans la défaite, Ségolène réagit d'abord en femme blessée et déclare qu'elle entend soutenir Martine. Connivence entre candidates distancées alors que Ségolène vient d'être abandonnée par son compagnon… Oubliés pour l'instant le congrès de Reims et la trahison de Martine. L'épouse trahie veut se venger, et François devra subir ses foudres… Mais les enfants et l'entourage décident, eux, de soutenir François. Beaucoup de proches étaient des amis du couple, les enfants ne veulent pas se brouiller avec leur père. Dans la discussion qui s'ensuit, c'est une fois encore la référence à François Mitterrand qui va décider Ségolène. « Tu ne peux pas ne pas aller vers François… Comme le disait Mitterrand, quand on est faible il faut obéir à la logique politique selon laquelle la force appelle la force. C'est un moyen de reprendre tout de suite de la force. »

À ces mots, la combattante politique qu'elle n'a jamais cessé d'être se réveille aussitôt. Ségolène comprend qu'il lui faut soutenir son ex. Même si elle doutera encore une fois le lendemain matin, lorsque François Hollande n'aura pas un mot pour elle sur RTL.

Martine Aubry comprend les difficultés de Ségolène, et elle vient la soutenir le lundi matin. Une solidarité de femme, mais surtout une pêche aux désistements, le bel Arnaud étant au même moment lui aussi en proie à quelques turbulences.

C'est en effet un lendemain de victoire intéressant qui s'est offert au sieur Montebourg.

Alors qu'il a réuni à l'Assemblée nationale tous ses soutiens pour fêter le formidable score de la veille, la fracture apparait dès le premier tour de table. Thierry Mandon, le député de l'Essonne, Thomas Clay et quelques autres prennent la parole. Ils constituent la garde rapprochée d'Arnaud et expliquent aux autres élus qu'il faut voter pour François Hollande... Par tactique, par goût de la trahison, Arnaud a clairement oublié ses propos les plus venimeux : « François Hollande, la principale erreur du Parti socialiste ». Les bonnes raisons ne manquent pas à ce virage qui n'a pas surpris l'appareil, mais qui a laissé pantois les militants et les sympathisants. Il les déclinera quelques jours plus tard, toujours avec la modestie qui le caractérise. Interrogé sur les propositions qu'il a pu recevoir d'un poste au gouvernement, il a répondu tranquillement : « François Hollande n'a pas eu cette indélicatesse et moi non plus. L'histoire retiendra que celle qui m'a fait connaître ce genre de proposition est Martine Aubry. Mais cela ne m'a pas intéressé. »

À cette heure, on ne sait pas encore ce que l'histoire retiendra, de la proposition de Martine ou de la énième trahison d'Arnaud...

En attendant, les cadors du PS en région qui l'entourent ne veulent pas entendre parler d'un ralliement à François. Pour eux, c'est et ce sera Martine. Elle le savait, François aussi… La dernière inconnue reste ce que va faire Ségolène, le dernier atout de Martine.

Tous les coups sont permis…

Martine et François se préparent pour le débat…

Elle sait qu'il lui faut rallier au moins un désistement pour relancer la dynamique et espérer ainsi rattraper son retard. François, pour sa part, doit se départir de l'étiquette de « gauche molle » dont l'a affublé sa grande camarade.

Le mercredi, jour du débat, François et Ségolène se sont téléphoné. Elle lui a précisé qu'elle le soutiendrait. Martine l'apprend à ce moment. Oubliée la rancœur toute personnelle. Désormais, Ségolène n'explique plus son ralliement que par des considérations politiques… Oubliées aussi les blessures de la femme trompée, l'instrumentalisation du drame conjugal dans l'affrontement politique. L'ancienne candidate socialiste refuse d'avoir le moindre mot critique sur François Hollande, mieux, elle loue certaine de ses qualités…

Ce qu'elle négocie une fois encore, qu'elle avait négocié déjà avec Strauss-Kahn, c'est le perchoir de l'Assemblée. Et à l'époque comme aujourd'hui, une grande partie des députés poussent des cris à l'idée d'avoir Ségolène comme présidente. Ils craignent qu'elle ne vienne mettre de l'ordre dans les mœurs, qu'elle ne fourre son nez dans leurs affaires. « J'ai passé l'âge d'avoir une présidente maîtresse d'école », résume Jean Glavany. D'où la fronde. On va voir maintenant qu'il y a une vraie hostilité de l'Assemblée. Et puis, elle joue déjà le coup d'après, preuve qu'elle le considère comme un vainqueur possible. Ce petit détail n'a pas échappé aux proches de François Hollande qui soupiraient d'aise à l'écoute de ces propos en réalité convenus. « Mais, avec Ségolène, on pouvait craindre le pire », ajoute un conseiller.

On décide d'officialiser ce soutien par une intervention médiatique. François Hollande sait que les militants de Désirs d'avenir suivent à la lettre les consignes de la Madone du Poitou…

Deux jours plus tard, Ségolène enfoncera le clou en expliquant les raisons de son vote pour François : il est, dit-elle, le plus rassembleur. Martine est alors en meeting à Lille et regarde la télé depuis sa loge. C'est une vraie claque pour elle, qui cesse dès lors de croire à une possible victoire… Vexée, blessée d'être ainsi terrassée par son camarade Hollande, elle sait qu'elle a perdu. Elle lâche à ses proches : « C'est cuit… On ne pourra pas gagner. »

Et, du coup, elle va cogner au cours du meeting sur le futur gagnant. À la tribune, sachant qu'elle a perdu, Martine s'emporte contre lui, « le candidat du système et des sondages ». Tout en qualifiant Arnaud et Ségolène de « candidats qui portent avec elle le changement ».

Un terrible dérapage immédiatement sanctionné par les chiens de garde du Parti… De son côté, François reste flegmatique mais il ne va pas tarder à mordre…

Des propos qui inspirent Peillon et Mosco, les deux ralliés hollandais. Pierre Moscovici glisse en privé :

« Les Français vont découvrir les moteurs de Martine, la méchanceté et le ressentiment… »

Il faut dire que l'on rivalise d'amabilités sur François du côté de Martine depuis que sa victoire se dessine. Il sillonne, il laboure… Pour cela, on le compare déjà à Jacques Chirac.

À Paris et au PS, il se sait raillé. Il est en réalité plus à l'aise avec sa garde rapprochée de sénateurs, de grands barons locaux qu'il retrouve tous les mardis matin rue Aristide-Briand dans un salon de l'Assemblée nationale, qu'avec les ténors de la rue de Solferino. Son long règne à la tête du Parti a laissé beaucoup d'amertume et de rancœurs. Il ne l'ignore pas. C'est d'ailleurs un tour de force d'avoir pu à ce point se reconstruire une image sur les ruines du Parti sans en être comptable, alors qu'il en a été pendant plus de dix ans le Premier secrétaire !

En Corrèze, les réseaux chiraquiens se sont mis à son service et François Hollande sait sur place ménager Bernadette, l'ex-première dame. L'écrivain préféré de Jacques Chirac, Denis Tillinac, se montre souvent élogieux pour le président du conseil général de la Corrèze. François Hollande serait-il alors un Chirac de gauche ?

C'est en tout cas l'avis le plus communément partagé par une partie des habitués de la rue de Solferino, qui ne craignent pas d'avoir pour François Hollande des propos d'une grande cruauté, insistant sur sa gestion du Parti à l'époque où il était Premier secrétaire.

« Comme Jacques Chirac, François Hollande ne fera rien... », clament en chœur les adversaires de toujours de l'ancien patron du PS. « D'ailleurs, lorsqu'il était Premier secrétaire, il s'est borné à gérer le Parti comme un notaire de province après le 21 avril 2002 », tonne un député fabiusien.

Mais si Mosco prend soin de distiller son venin sur Martine au seul cercle des initiés, Vincent Peillon ira plus loin... Comme le dit ce proche de

DSK qui a beaucoup croisé Peillon lorsqu'il préparait la candidature du patron du FMI : « Avec Vincent, cela monte vite en température. »

Effectivement, cela va monter très vite, au point de transformer Martine en Marine.

« Les mots de Martine Aubry nous rappellent hélas les pires. C'est la Première secrétaire la plus mal élue de toute l'histoire du Parti socialiste, et elle a le label Marine Le Pen. »

Le chef de file des sénateur PS, François Rebsamen, s'y met à son tour, accusant Martine d'utiliser « une rhétorique semblable à celle de l'extrême droite ».

« Il faut arrêter cette escalade, je crois que c'est un dérapage ! » déclare de son côté Hollande, qui ne veut pas « entretenir le feuilleton ».

Jean-Pierre Mignard va crier « Halte au feu », tandis que dans les entourages de Martine comme de François, on est embêté tantôt par les propos de Martine et tantôt par la montée au rideau de Vincent Peillon.

Il est temps décidément que les primaires s'achèvent, on ne va pas retenir longtemps les tribus rivales de pachydermes !

Samedi matin, la France est en demi-finale de la Coupe du monde de rugby et la fédération a loué pour l'occasion l'hôtel de Massa près de la place Denfert-Rochereau. Martine s'y rend, et elle en profite pour faire venir les journalistes. Elle rompt ainsi l'armistice médiatique convenu avec le camp Hollande car elle a compris que ses propos violents contre François pourraient lui être fatals. Elle profite de ce match pour déclarer qu'il y aura au soir du vote une troisième mi-temps et qu'elle devrait pacifier les relations entre les écuries Aubry et Hollande.

Pourtant, lorsque François entend cette intervention contre l'accord passé d'une trêve médiatique, il vitupère… Il lui reproche d'avoir convoqué la presse pour ce qui devait être un déplacement privé.

Le lendemain, dimanche 16 octobre, c'est le deuxième tour. Très vite, sitôt les résultats connus, Martine téléphone à François.

Comme toujours le tutoiement est de rigueur, mais la perdante s'empresse surtout de poser ses conditions : « Je veux pouvoir être la seule à t'accueillir sur le perron de la rue de Solferino. Je veux aussi retrouver immédiatement mon poste de Première secrétaire. »

Les premiers mots de la guerre post-primaires.

Lorsque Martine quitte la questure de l'Assemblée nationale pour rejoindre la rue de Solferino, elle a déjà pris sa décision : elle va demander à Harlem Désir de rendre très très vite son tablier… il n'y aura plus que Martine sur la photo…

Elle l'a demandé à François, elle va l'exiger du Premier secrétaire par intérim. Elle rentre dans son bureau et lui lance : « Harlem, tu as dix minutes pour partir. Je reprends mon bureau. »

Harlem tempère et veut remettre ce déménagement hâtif au lendemain matin. Martine insiste : « Non, c'est tout de suite. »

Harlem s'exécute et Martine reprend possession de son bureau, retrouve ses tableaux, sa table en verre... Elle doit l'aimer, celle-là, puisqu'elle a la même dans son bureau de Lille, et qu'elle l'a aussi offerte à son père. Rien n'a changé sauf qu'elle n'est plus la patronne, puisqu'en réalité c'est désormais François. Ce qui explique sans doute cette mauvaise humeur... Martine suspecte déjà certains de ses lieutenants d'aller vers le nouveau vainqueur. Harlem, Razzy auraient tous à l'entendre déjà joué Hollande...

« La force appelle la force », résume lui aussi Razzy Hammadi. Et désormais, la force s'appelle François...

Lorsqu'il arrive rue de Solferino, il passe voir Bruno Le Roux, l'un de ses fidèles qui suit les résultats, puis file au premier étage dans le bureau de Martine... Ce bureau qu'il a si longtemps occupé...

L'échange est chaleureux car tout le monde y met du sien. François n'aime pas les conflits – c'est d'ailleurs comme ça qu'il a gouverné le PS pendant onze ans. Martine de son côté a déversé sa colère contre le pauvre Harlem… Il n'y a plus d'adrénaline en stock !

François va ensuite sur le balcon s'adresser aux militants. À quelques mètres de là, les fidèles de Martine sur la péniche sifflent toutes les bouteilles de champagne, au point qu'il faut dépêcher quelqu'un rue de Solferino prendre des bouteilles en renfort…

On boit pour oublier la défaite.

Comme l'avait dit Martine Aubry lorsqu'elle s'était battue contre Ségolène pour prendre la direction du Parti en novembre 2008 : « Si on perd, il nous restera le beaujolais. » Là, il reste le champagne.

À quelques mètres côté boulevard Saint-Germain, c'est la maison de l'Amérique latine, où les partisans de François se sont donné rendez-vous. L'ambiance est festive mais sans effervescence particulière. On a le triomphe modeste…

La rumeur se répand d'une intervention de François depuis le siège du PS. On s'apprête à le regarder à la télévision…

La salle de presse a été installée au premier étage, là où était sa tribune la semaine passée. Là, il fait beau et tout a été dressé dans les jardins.

Parmi les supporters de la première heure du camarade François, on use de ruses diverses pour pouvoir pénétrer sans accréditation rue de Solferino. Pas de carte de presse, pas d'accès !

Au moment où il descend vers le balcon, on décide d'un premier salut tout seul, bras levés, puis Martine vient le rejoindre. C'est la photo de la réconciliation. L'image ne trompe personne, mais elle souligne aussi l'incroyable volonté de victoire qui anime les socialistes à la veille de 2012... Ces deux-là ne s'aiment toujours pas, mais ils veulent gagner contre Sarko. Et Sarko le sait aussi bien qu'eux : en politique il n'y a de toute façon pas de place pour les sentiments !